AF226316

SVYATOY FEOFILAKT BOLGARSKIY,
ARKHIEPISKOP OKHRIDSKIY

СВЯТОЙ ФЕОФИЛАКТ БОЛГАРСКИЙ, АРХИЕПИСКОП ОХРИДСКИЙ

ТОЛКОВАНИЕ НА ЕВАНГЕЛИЕ ОТ МАРКА

ORTHODOX LOGOS PUBLISHING

ТОЛКОВАНИЕ НА ЕВАНГЕЛИЕ ОТ МАРКА

святой Феофилакт Болгарский,
архиепископ Охридский

Икона на обложке книги:
«Апостол Марк», *Неизвестный автор*
Икона XIV века, монастырь Хиландар, Афон.

© 2024, Orthodox Logos Publishing, The Netherlands

www.orthodoxlogos.com

ISBN: 978-1-80484-153-2

This book is in copyright. No part of this publication may
be reproduced, stored in a retrieval system or transmitted in any form or
by any means without the prior permission in writing of
the publisher, nor be otherwise circulated in any form of binding
or cover other than that in which it is published without a similar
condition, including this condition, being imposed
on the subsequent purchaser.

СВЯТОЙ ФЕОФИЛАКТ БОЛГАРСКИЙ,
АРХИЕПИСКОП ОХРИДСКИЙ

ТОЛКОВАНИЕ НА ЕВАНГЕЛИЕ ОТ МАРКА

ORTHODOX LOGOS PUBLISHING

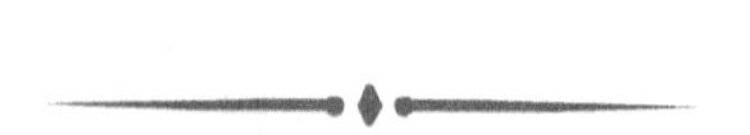

СОДЕРЖАНИЕ

Предисловие 7

Глава первая 9

Глава вторая 20

Глава третья 28

Глава четвертая 35

Глава пятая 44

Глава шестая 51

Глава седьмая 62

Глава восьмая 69

Глава девятая 78

Глава десятая 90

Глава одиннадцатая 104

Глава двенадцатая 112

Глава тринадцатая 122

Глава четырнадцатая 132

Глава пятнадцатая 148

Глава шестнадцатая 158

Биография: Феофилакт Болгарский (Охридский) . . . 163

ПРЕДИСЛОВИЕ

Святое Евангелие от Марка было написано в Риме спустя десять лет по Вознесении Христовом. Сей Марк был ученик и последователь Петров, которого Петр называет даже сыном своим, разумеется, духовным. Назывался он также и Иоанном; был племянник Варнавы; сопутствовал апостолу Павлу. Но большей частью находился при Петре, с которым был и в Риме. Поэтому верные в Риме просили его не только проповедовать им без Писания, но и изложить для них дела и жизнь Христа в Писании; он едва согласился на это, однако, написал. Между тем Петру открыто было Богом; что Марк написал Евангелие. Петр засвидетельствовал, что оно истинно. Потом послал Марка епископом в Египет, где он своей проповедью основал в Александрии *церковь* и просветил всех живущих в полуденной стране.

Отличительные черты этого Евангелия – ясность и отсутствие всего неудобовразумительного. Притом настоящий евангелист почти сходен с Матфеем кроме того, что короче, а Матфей – пространнее, и что у Матфея в начале упоминается о Рождестве Господа по плоти, а Марк начал с пророка Иоанна. Отсюда некоторые не без основания видят следующее знаменование в евангелистах: Бог, сидящий на херувимах, которых Писание изображает четверо́личными (*Иез. 1:6*), преподал нам четверообразное Евангелие, оживляемое одним духом.

Итак, у каждого из херувимов одно лицо называется подобным льву, другое – подобным человеку, третье – орлу, а четвертое – тельцу (*Иез. 1:10*); так и в деле евангельской проповеди. Евангелие от Иоанна имеет лицо льва, ибо лев есть образ царской власти; так и Иоанн начал с царственного и владычественного достоинства, с Божества Слова, сказав: «В начале было Слово, и Слово было у Бога» (*Ин.1:1*). Евангелие от Матфея имеет лицо человека, потому что оно начинается с плотского рождения и вочеловечения Слова. Евангелие от Марка сравнивается с орлом, потому что оно начинается с пророчества об Иоанне, а дар пророческой благодати, как дар острого видения и прозрения в отдаленную будущность, можно уподобить орлу, о котором говорят, что он одарен самым острым зрением, так что он один из всех животных, не смежая очей, взирает на солнце. Евангелие от Луки подобно тельцу, потому что начинается со священнического служения Захарии, возносившего фимиам за грехи народа; тогда приносили в жертву и тельца.

Итак, Марк начинает Евангелие пророчеством и житием пророческим. Слушай же, что говорит!

ГЛАВА ПЕРВАЯ

Мк.1:1. Начало Евангелия Иисуса Христа, Сына Божия,

Мк.1:2. как написано у пророков: вот, Я посылаю Ангела Моего пред лицем Твоим, который приготовит путь Твой пред Тобою.

Мк.1:3. Глас вопиющего в пустыне: приготовьте путь Господу, прямыми сделайте стези Ему.

Иоанна, последнего из пророков, евангелист представляет началом Евангелия Сына Божия, потому что конец Ветхого есть начало Нового Завета. Что касается свидетельства о Предтече, то оно взято из двух пророков – из Малахии: «Вот Я посылаю Ангела Моего, и он приготовит путь предо Мною» (*Мал.3, 1*) и из Исаии: «Глас вопиющего в пустыне» (*Ис.40, 3*) и прочее. Это слова Бога Отца к Сыну. Он именует Предтечу Ангелом за его ангельскую и почти бесплотную жизнь и за возвещение и указание грядущего Христа. Иоанн уготовлял путь Господень, приготовляя посредством крещения души иудеев к принятию Христа: «пред лицем Твоим» – значит близок к Тебе Ангел Твой. Этим означается родственная близость Предтечи к Христу, так как и пред царями чествуют преимущественно родственныя особы.

«Глас вопиющего в пустыне», то есть в пустыне Иорданской, а еще более в синагоге иудейской, которая была пуста в отношении к добру. «Путь» означает Новый Завет, «стези» – Ветхий, как неоднократно нарушаемый иудеями. К пути, то есть к Новому Завету, они должны были приготовиться, а стези Ветхого исправить, ибо хотя древле они и приняли их, но впоследствии совратились со стезей своих и заблудились.

Мк.1:4. Явился Иоанн, крестя в пустыне и проповедуя крещение покаяния для прощения грехов.

Мк.1:5. И выходили к нему вся страна Иудейская и Иерусалимляне, и крестились от него все в реке Иордане, исповедуя грехи свои.

Иоанново крещение не имело отпущения грехов, а вводило для людей одно покаяние. Но как же Марк говорит здесь: «для прощения грехов»? На это отвечаем, что Иоанн проповедовал крещение покаяния. А эта проповедь к чему вела? К отпущению грехов, то есть ко крещению Христову, которое заключало уже в себе и отпущение грехов. Когда мы говорим, например, что такой-то пришел пред царем, повелевая приготовить пищу для царя, то разумеем, что исполняющие это повеление бывают облагодетельствованы царем. Так и здесь. Предтеча проповедовал крещение покаяния для того, чтобы люди, покаявшись и приняв Христа, получили оставление грехов.

Мк.1:6. Иоанн же носил одежду из верблюжьего волоса и пояс кожаный на чреслах своих, и ел акриды и дикий мед.

Мы уже говорили об этом в Евангелии от Матфея; теперь же скажем только о том, что там опущено, именно: что Иоаннова одежда была знамением сетования, и пророк показывал таким образом, что кающемуся должно плакать, так как вретище обыкновенно служит знаком плача; кожаный же пояс означал омертвелость иудейского народа. А что сия одежда означала плач, об этом говорит сам Господь: «Мы пели вам печальные песни (славянское «плакахом»), и вы не рыдали», называя здесь плачем жизнь Предтечи, потому что далее говорит: «Пришел Иоанн, ни ест, ни пьет; и говорят: в нем бес» (*Мф. 11, 17–18*). Равно пища Иоаннова, указывая здесь, конечно, на воздержание, была вместе и образом духовной пищи тогдашних иудеев, которые не ели чистых птиц небесных, то есть не помышляли ни о чем высоком, а питались только словом возвышенным и направленным горе, но опять упадающим долу. Ибо саранча («акриды») есть такое насекомое, которое прыгает вверх, а потом опять падает на землю. Равным образом народ ел и мед, производимый пчелами, то есть пророками; но он оставался у него без ухода и не был умножаем углублением и правильным разумением, хотя евреи и думали, что они разумеют и постигают Писание. Они имели Писания, как бы некоторый мед, но не трудились над ними и не исследовали их.

Мк.1:7. И проповедовал, говоря: идет за мною Сильнейший меня, у Которого я недостоин, наклонившись, развязать ремень обуви Его;

Мк.1:8. я крестил вас водою, а Он будет крестить вас Духом Святым.

Я, – говорит, – недостоин быть даже самым последним рабом Его, который бы развязал ремень, то есть узел на ремне сапог его. Понимают, впрочем, и так: все, приходившие и крестившиеся от Иоанна, разрешались посредством покаяния от уз грехов своих, когда веровали во Христа. Таким образом, Иоанн у всех разрешал ремни и узы греховные, а у Иисуса не мог разрешить такого ремня, потому что у Него и не нашел сего ремня, то есть греха.

Мк.1:9. И было в те дни, пришел Иисус из Назарета Галилейского и крестился от Иоанна в Иордане.

Мк.1:10. И когда выходил из воды, тотчас увидел Иоанн разверзающиеся небеса и Духа, как голубя, сходящего на Него.

Мк.1:11. И глас был с небес: Ты Сын Мой возлюбленный, в Котором Мое благоволение.

Не за отпущением грехов Иисус приходит ко крещению, ибо греха Он не сотворил, равно и не для получения Духа Святаго, ибо как могло Иоанново крещение даровать Духа, когда оно не очищало грехов, как я сказал? Но и не для покаяния идет Он креститься, поскольку Он был «больше самого Крестителя» (*Мф. 11, 11*). Итак, для чего же приходит? Без сомнения, для того, чтобы Иоанн объявил о Нем народу. Поскольку многие стеклись туда, то благоволил прийти, чтобы засвидетельствовану быть пред многими, кто Он, а вместе и для того, чтобы исполнить «всякую правду», то есть все заповеди Закона. Поскольку послушание крестящему пророку, как посланному от Бога, было также заповедь, то Христос исполняет и сию заповедь. Дух сходит не потому, чтобы Христос имел нужду в этом (ибо по существу Он в Нем пребывает), но чтобы ты знал, что и на тебя при крещении сходит Дух Святый. При сошествии Святаго Духа тотчас изречено и свидетельство. Поскольку Отец говорил свыше: «Ты Сын Мой», то, чтобы слышавшие не подумали, что Он говорит об Иоанне, сходит на Иисуса Дух, показывая, что это сказано о Нем. Небеса же отверзаются для того, чтобы мы знали, что они отверзаются и нам, когда мы крещаемся.

Мк.1:12. Немедленно после того Дух ведет Его в пустыню.

Мк.1:13. И был Он там в пустыне сорок дней, искушаемый сатаною, и был со зверями; и Ангелы служили Ему.

Научая нас не унывать, когда после крещения впадаем в искушения, Господь уходит в гору на искушение или, лучше, не уходит, а отводится Духом Святым, показывая чрез то, что и мы не должны сами ввергаться в искушения, но принимать их, когда они постигают нас. А в гору уходит для того, чтобы по причине пустынности места диавол возымел дерзость и мог приступить к Нему; ибо он обыкновенно нападает тогда, когда видит, что мы одни. Место искушения было до того дико, что там во множестве водились звери. Ангелы стали служить Ему уже после того, как Он победил искусителя. Все это в Евангелии от Матфея изложено пространнее.

Мк.1:14. После же того, как предан был Иоанн, пришел Иисус в Галилею, проповедуя Евангелие Царствия Божия

Мк.1:15. и говоря, что исполнилось время и приблизилось Царствие Божие: покайтесь и веруйте в Евангелие.

Услышав, что Иоанн предан в темницу, Иисус удаляется в Галилею, дабы и нам показать, что не должно самим вдаваться в искушения, а избегать их, когда же впадем, – терпеть. Христос проповедует, по-видимому, одно и то же с Иоанном, как-то: «покайтесь» и «приблизилось Царствие Божие». Но на самом деле не одно и то же: Иоанн говорит «покайтесь» с тем, чтобы отклонить от грехов, а Христос говорит «покайтесь» с тем, чтобы отстали от буквы Закона, почему и присовокупил: «веруйте в Евангелие», ибо тот, кто хочет веровать по Евангелию, уже упразднил Закон. Господь сказывает, что «исполнилось время» Закона. Доселе, – говорит, – Закон был в действии, а отныне настает Царствие Божие, жизнь по Евангелию. Эта жизнь справедливо представляется «Царством» Небесным, ибо когда видишь, что живущий по Евангелию ведет себя почти как бесплотный, как не скажешь, что он имеет уже Царство Небесное (где нет ни пищи, ни пития), хотя оно, кажется, еще и далеко.

Мк.1:16. Проходя же близ моря Галилейского, увидел Симона и Андрея, брата его, закидывающих сети в море, ибо они были рыболовы.

Мк.1:17. И сказал им Иисус: идите за Мною, и Я сделаю, что вы будете ловцами человеков.

Мк.1:18. И они тотчас, оставив свои сети, последовали за Ним.

Мк.1:19. И, пройдя оттуда немного, Он увидел Иакова Зеведеева и Иоанна, брата его, также в лодке починивающих сети;

Мк.1:20. и тотчас призвал их. И они, оставив отца своего Зеведея в лодке с работниками, последовали за Ним.

Петр и Андрей сначала были учениками Предтечи, а когда увидели свидетельствованного Иоанном Иисуса, то присоединились к Нему. Потом, когда Иоанн был предан, они со скорбью перешли опять к своему прежнему занятию. Итак, Христос призывает их теперь во второй раз, ибо настоящее призывание есть уже второе. Заметь, что они питались от своих праведных трудов, а не от неправедных занятий. Такие люди стоили того, чтобы быть первыми учениками Христа. Тотчас бросив бывшее у них в руках, они пошли вслед за Ним; ибо не должно медлить, а должно тотчас же последовать. После сих уловляет Иакова и Иоанна. И эти, хотя сами были бедны, однако, пропитывали престарелого отца своего. Но они оставили отца не потому, что оставлять родителей доброе дело, но потому, что он хотел воспрепятствовать им последовать Господу. Так и ты, когда родители будут препятствовать тебе, оставь их и последуй Благому. Видно, Зеведей не веровал, но мать сих апостолов веровала и, когда умер Зеведей, также последовала Господу. Приметь же и сие, что прежде призывается деяние, а потом созерцание, ибо Петр есть образ деяния, потому что был пламенного характера и всегда предупреждал других, что свойственно деянию, Иоанн, напротив, представляет в себе созерцание, ибо был богослов по превосходству.

Мк.1:21. И приходят в Капернаум; и вскоре в субботу вошел Он в синагогу и учил.

Мк.1:22. И дивились Его учению, ибо Он учил их, как власть имеющий, а не как книжники.

Откуда пришли в Капернаум? Из Назарета, и притом в день субботний. Когда обыкновенно собирались для чтения закона, тогда пришел учить и Христос. Ибо и Закон для того повелевал праздновать субботу, чтобы люди занимались чтением, собираясь для сего вместе. Учил же Господь обличительно, а не льстиво, как фарисеи: убеждал делать добро, а непокорным угрожал мучением.

Мк.1:23. В синагоге их был человек, *одержимый* духом нечистым, и вскричал:

Мк.1:24. оставь! что Тебе до нас, Иисус Назарянин? Ты пришел погубить нас! знаю Тебя, кто Ты, Святый Божий.

Мк.1:25. Но Иисус запретил ему, говоря: замолчи и выйди из него.

Мк.1:26. Тогда дух нечистый, сотрясши его и вскричав громким голосом, вышел из него.

Мк.1:27. И все ужаснулись, так что друг друга спрашивали: что это? что это за новое учение, что Он и духам нечистым повелевает со властью, и они повинуются Ему?

Мк.1:28. И скоро разошлась о Нем молва по всей окрестности в Галилее.

Злые духи называются «нечистыми» потому, что любят всякие нечистые дела. Выйти из человека бес почитает «погибелью» для себя. Злобные бесы и вообще вменяют в злострадание себе, когда не позволяется им делать людям зло. Притом, будучи плотолюбивы и привыкши услаждаться веществом, они как бы терпят большой голод, когда не живут в телах. Поэтому Господь и говорит, что бесовский род изгоняется постом. Нечистый не сказал Христу: Ты свят, поскольку и из пророков многие были святы, но сказал «Святый», то есть Единственный, в существе Своем Святый. Но Христос заставляет его молчать, дабы мы знали, что бесам должно заграждать уста, хотя бы они говорили и правду. Бес мечет и сильно трясет одержимого им, чтобы очевидцы, видя, от какого бедствия избавляется человек, ради чуда уверовали.

Мк.1:29. Выйдя вскоре из синагоги, пришли в дом Симона и Андрея с Иаковом и Иоанном.

Мк.1:30. Теща же Симонова лежала в горячке; и тотчас говорят Ему о ней.

Мк.1:31. Подойдя, Он поднял ее, взяв ее за руку; и горячка тотчас оставила ее, и она стала служить им.

К вечеру в субботу, как обычно было, Господь пошел в дом учеников для принятия пищи. Между тем та, которая должна была послужить при сем, одержима была горячкой. Но Господь исцеляет ее, и она начинает служить им. Эти слова дают знать, что и ты, когда Бог исцеляет тебя от болезни, должен употребить здоровье свое на служение святым и на благоугождение Богу[...].

Мк.1:32. При наступлении же вечера, когда заходило солнце, приносили к Нему всех больных и бесноватых.

Мк.1:33. И весь город собрался к дверям.

Мк.1:34. И Он исцелил многих, страдавших различными болезнями; изгнал многих бесов, и не позволял бесам говорить, что они знают, что Он Христос.

Не без причины прибавлено: «когда заходило солнце». Поскольку думали, что непозволительно исцелять в день субботний, то дождались заката солнца и тогда уже стали приносить больных для исцеления. «Многих» исцелил, сказано вместо «всех», потому что все составляют множество; или: не всех исцелил потому, что некоторые оказались неверующими, которые и не были исцелены за свое неверие, но «многих» из принесенных исцелил, то есть тех, которые имели веру. Бесам не позволял говорить для того, чтобы, как я сказал, научить нас не верить им, хотя бы они говорили и правду. Иначе, если они найдут кого-либо вполне доверяющего им, то чего не сделают, проклятые, примешивая к правде ложь! Так и Павел запретил пытливому духу говорить: «Люди эти – рабы Бога Вышняго»; Святый Муж не хотел слышать отзыва и свидетельства из нечистых уст.

Мк.1:35. А утром, встав весьма рано, вышел и удалился в пустынное место, и там молился.

Мк.1:36. Симон и бывшие с ним пошли за Ним

Мк.1:37. и, найдя Его, говорят Ему: все ищут Тебя.

Мк.1:38. Он говорит им: пойдем в ближние селения и города, чтобы Мне и там проповедывать, ибо Я для того пришел.

Мк.1:39. И Он проповедывал в синагогах их по всей Галилее и изгонял бесов.

После того, как исцелил больных, Господь уходит в уединенное место, научая тем нас, чтобы мы не напоказ делали что-либо, но если сделаем какое добро, спешили бы скрыть его. И молится Он также для того, чтобы показать нам что все, что ни делаем доброго, должно приписывать Богу и говорить Ему: «Всякое даяние доброе и всякий дар совершенный нисходит свыше, от Отца светов» (*Иак. 1, 17*). Сам по Себе Христос даже не имел нужды в молитве. Далее, когда народ искал и сильно желал Его, не отдается ему, хотя принимает это с благосклонностью, но идет и к другим, нуждающимся в исцелении и наставлении. Ибо не должно ограничивать дела учения одним местом, но надобно всюду рассеивать лучи слова. Но смотри, как Он соединяет с учением деяние: проповедует, а потом изгоняет и бесов. Так и ты учи и вместе твори дела, дабы слово твое не было тщетно. Иначе если бы Христос не показал вместе и чудес, то слову Его не поверили бы.

Мк.1:40. Приходит к Нему прокаженный и, умоляя Его и падая пред Ним на колени, говорит Ему: если хочешь, можешь меня очистить.

Мк.1:41. Иисус, умилосердившись над ним, простер руку, коснулся его и сказал ему: хочу, очистись.

Мк.1:42. После сего слова проказа тотчас сошла с него, и он стал чист.

Благоразумен был прокаженный и веровал; поэтому не сказал: если попросишь у Бога; но веруя в Него как в Бога, сказал: «если хочешь». Христос прикасается к нему в знак того, что ничего нет нечистого. Закон запрещал прикасаться к прокаженному как к нечистому; но Спаситель, желая показать, что нет ничего по природе нечистого, что требования Закона должны упраздниться и что они имеют силу только над людьми, прикасается к прокаженному, – тогда как и Елисей столько боялся Закона, что и видеть не хотел Неемана, прокаженного и просившего исцеления.

Мк.1:43. И, посмотрев на него строго, тотчас отослал его

Мк.1:44. и сказал ему: смотри, никому ничего не говори, но пойди, покажись священнику и принеси за очищение твое, что повелел Моисей, во свидетельство им.

Мк.1:45. А он, выйдя, начал провозглашать и рассказывать о происшедшем, так что *Иисус* не мог уже явно войти в город, но находился вне, в местах пустынных. И приходили к Нему отовсюду.

И из сего научаемся также не выставлять себя напоказ, когда оказываем кому-либо добро, ибо вот и Иисус Сам велит очистившемуся не разглашать о Нем. Хотя Он и знал, что тот не послушается и разгласит, однако, как я сказал, научая нас не любить тщеславия, велит никому не говорить. Но с другой стороны, всякий облагодетельствованный должен быть признательным и благодарным, хотя бы благодетель его и не нуждался в том. Так и прокаженный разглашает о полученном благодеянии, несмотря на то, что Господь не велел ему. Христос посылает его к священнику, потому что по повелению Закона прокаженному не иначе можно было войти в город, как по объявлению священническом об очищении его от проказы, в противном случае он должен был изгоняться из города. В то же время Господь велит ему принести и дар, как по обыкновению приносили очистившиеся: это во свидетельство того, что Он не есть противник Закона, напротив, столько дорожит им, что заповедуемое в законе и Он повелевает исполнять.

ГЛАВА ВТОРАЯ

Мк.2:1. Через *несколько* дней опять пришел Он в Капернаум; и слышно стало, что Он в доме.

Мк.2:2. Тотчас собрались многие, так что уже и у дверей не было места; и Он говорил им слово.

Мк.2:3. И пришли к Нему с расслабленным, которого несли четверо;

Мк.2:4. и не имея возможности приблизиться к Нему за многолюдством, раскрыли кровлю *дома,* где Он находился, и, прокопав ее, спустили постель, на которой лежал расслабленный.

Мк.2:5. Иисус, видя веру их, говорит расслабленному: чадо! прощаются тебе грехи твои.

По восшествии Господа в Капернаум, многие, услышав, что Он в дому, собирались в надежде удобного доступа к Нему. При сем вера мужей, принесших расслабленного, была столь велика, что они проломали кровлю дома и спустили его. Поэтому и Господь подает ему исцеление, видя веру сих принесших или веру самого расслабленного. Ибо и он сам не позволил бы взять себя, если бы не веровал, что исцелится. Впрочем, Господь часто исцелял ради веры одного приносящего, хотя приносимый не был верующим, и напротив, часто же врачевал ради веры приносимого, хотя приносящие не веровали. Прежде всего отпускает Он грехи болящему, а потом врачует болезнь потому, что труднейшие болезни большей частью происходят от грехов, как и в Евангелии от Иоанна Господь производит от грехов же болезнь одного расслабленного. Этот упоминаемый у Иоанна расслабленный есть не один и тот же с упоминаемым ныне; напротив, это два разных человека. Ибо упоминаемый у Иоанна не имел человека помогающего, а нынешний имеет четырех; первый был у купели овчей, а этот – в дому; тот – в Иерусалиме, а сей – в Капернауме. Можно найти и другие между ними различия. Но должно сказать, что упоминаемый у Матфея (*Мф.9:2–7*) и здесь, у Марка, есть один и тот же.

Мк.2:6. Тут сидели некоторые из книжников и помышляли в сердцах своих:

Мк.2:7. что Он так богохульствует? кто может прощать грехи, кроме одного Бога?

Мк.2:8. Иисус, тотчас узнав духом Своим, что они так помышляют в себе, сказал им: для чего так помышляете в сердцах ваших?

Мк.2:9. Что легче? сказать ли расслабленному: прощаются тебе грехи? или сказать: встань, возьми свою постель и ходи?

Мк.2:10. Но чтобы вы знали, что Сын Человеческий имеет власть на земле прощать грехи, – говорит расслабленному:

Мк.2:11. тебе говорю: встань, возьми постель твою и иди в дом твой.

Мк.2:12. Он тотчас встал и, взяв постель, вышел перед всеми, так что все изумлялись и прославляли Бога, говоря: никогда ничего такого мы не видали.

Фарисеи обвиняли Господа в богохульстве за то, что Он отпускал грехи, так как это принадлежит одному Богу. Но Господь дал им и другое знамение Божества Своего – знание сердца их: потому что одному Богу известно сердце каждого, как и пророк говорит: «Ты один знаешь сердце всех» (*3Цар. 8, 39; 2Пар. 6, 30*). Между тем фарисеи, хотя и было Господом открыто, что у них в сердце, остаются бесчувственными, и знающему сердца их не уступают того, чтобы Он мог врачевать и грехи. Тогда Господь чрез исцеление тела удостоверяет в том, что Он исцелил и душу, то есть посредством явного утверждает сокровенное и посредством легчайшего — труднейшее, хотя это казалось им иначе. Ибо фарисеи исцеление тела, как действие видимое, почитали труднейшим, а врачевание души, как невидимое, — легчайшим, и рассуждали как бы так: вот обманщик, который отклоняет от себя исцеление тела, как дело очевидное, и врачует невидимую душу, говоря: «прощаются тебе грехи». Если б Он в самом деле мог исцелить, то, наверное, исцелил бы тело, а не стал бы прибегать к невидимому. Поэтому Спаситель, показывая им, что Он может совершить то и другое, говорит: что легче уврачевать, душу или тело? Без сомнения, тело; но вам кажется напротив. Итак, Я исцелю тело, что на самом деле легко, а только вам кажется трудным, и тем уверю вас в исцелении души, что действительно трудно, и кажется легким потому только, что невидимо и необличаемо. Тогда говорит расслабленному: «встань, возьми постель твою», дабы таким образом более уверить в действительности чуда, что оно было не мечтательное, а вместе показать, что Он не только исцелил болящего, но и дал ему силу. Так поступает Господь и с душевными немощами: не только освобождает нас от грехов, но и подает нам силу для исполнения заповедей. Итак, и я, расслабленный, могу исцелиться. Ибо и ныне есть Христос в Капернауме, в доме утешения, то есть в Церкви, которая есть дом Утешителя. Я расслабленный, потому что силы души моей недейственны и недвижны во благо; но когда четыре евангелиста возьмут и принесут меня к Господу, тогда услышу слово Его: «чадо!» Ибо я делаюсь сыном Божиим чрез исполнение заповедей, и мне отпустятся грехи. Но как принесут меня к Иисусу? – Проломавши кров. Что же кров? Ум как верх существа нашего. На этом крове много земли и черепицы, то есть земных дел; но когда все это будет сброшено, когда будет разломана и освобождена от тяжести сила ума, когда потом спущусь вниз, то есть смирюсь (я не должен возноситься вследствие облегчения ума моего, но по облегчении обязан ниспуститься, то есть смириться), тогда исцелюсь и возьму одр мой, то есть тело, возбуждая оное к исполнению заповедей. Ибо не только должно восстать от греха и познать свой грех, но и взять одр, то есть тело, для делания добра. Тогда можем достигнуть и созерцания, так что все помыслы в нас скажут: «никогда ничего такого мы не видали», то есть никогда не имели такого разумения, как ныне, исцеляясь от расслабления. Кто очищен от грехов, тот поистине видит.

Мк.2:13. И вышел *Иисус* опять к морю; и весь народ пошел к Нему, и Он учил их.

Мк.2:14. Проходя, увидел Он Левия Алфеева, сидящего у сбора пошлин, и говорит ему: следуй за Мною. И *он,* встав, последовал за Ним.

Мк.2:15. И когда Иисус возлежал в доме его, возлежали с Ним и ученики Его и многие мытари и грешники; ибо много их было, и они следовали за Ним.

Мк.2:16. Книжники и фарисеи, увидев, что Он ест с мытарями и грешниками, говорили ученикам Его: как это Он ест и пьет с мытарями и грешниками?

Мк.2:17. Услышав сие, Иисус говорит им: не здоровые имеют нужду во враче, но больные; Я пришел призвать не праведников, но грешников к покаянию.

По совершении чуда над расслабленным Господь уходил к морю, вероятно, ища уединения, но народ снова стекается к Нему. Познай же, что по той мере, как ты станешь избегать славы, она будет гоняться за тобой; а ежели ты будешь гоняться за ней, она убежит от тебя. Вот и Господь только что удалился к морю, как народ опять бежит вслед за Ним. Однако Он и отсюда ушел, и на пути уловил Матфея. Именуемый теперь у Марка Левий есть Матфей, так как он имел два имени. Поэтому Лука и Марк, скрывая настоящее имя, называют его Левием. Но сам он не стыдится; напротив, откровенно говорит о себе: увидел Иисус Матфея мытаря (*Мф. 9, 9*). Так и мы не будем стыдиться открывать грехи свои. Левий сидел у сбора пошлин, занимаясь, по обязанности своей, или взыскиванием податей с кого-нибудь, или составлением отчета, или чем другим, что обыкновенно делали сборщики податей в местах своих занятий. Но теперь так оказался усерден ко Христу, что оставив все, последовал за Ним и в великой радости созвал многих на обед. А фарисеи начинают винить Господа, представляя себя, конечно, людьми чистыми. Но Господь сказал на это: «Я пришел призвать не праведников», то есть вас, оправдывающих самих себя (говорит в виде глумления над ними), «но грешников», призвать, впрочем, не с тем, чтобы они оставались грешниками, но «к покаянию», то есть, чтобы они обратились. «К покаянию», – сказал, – дабы ты не подумал, что, призывая грешников, Он нисколько не исправляет их.

Мк.2:18. Ученики Иоанновы и фарисейские постились. Приходят к Нему и говорят: почему ученики Иоанновы и фарисейские постятся, а Твои ученики не постятся?

Мк.2:19. И сказал им Иисус: могут ли поститься сыны чертога брачного, когда с ними жених? Доколе с ними жених, не могут поститься,

Мк.2:20. но придут дни, когда отнимется у них жених, и тогда будут поститься в те дни.

Иоанновы ученики, как еще несовершенные, держались иудейских обычаев. Поэтому некоторые из приходивших ко Христу представляли их в пример и винили Его за то, что ученики Его не постятся наравне с теми. А Он говорил им: ныне Я, Жених, нахожусь с ними, и потому они должны радоваться, а не поститься; но когда Я буду взят из сей жизни, тогда, подвергаясь напастям, они будут и поститься, и скорбеть. Называет Себя «Женихом» не только потому, что обручал Себе девственные души, но и потому, что время первого пришествия Его есть время не плача и горя для верующих в Него, и не тяжелое время, но успокаивающее нас крещением без дел закона. В самом деле, что за труд креститься? И однако в этом легком деле обретаем спасение. «Сыны чертога брачного» суть апостолы, потому что они сподобились радости Господа и соделались причастниками всякого небесного блага и утешения. Можешь понимать и так, что всякий человек, когда совершает добродетель, есть «сын чертога брачного», и доколе имеет при себе Жениха-Христа, не постится, то есть не оказывает дел покаяния; ибо зачем каяться тому, кто не падает? Когда же отымется от него Жених-Христос, когда, то есть он впадет в грех, тогда начинает поститься и каяться, чтобы уврачевать грех.

Мк.2:21. Никто к ветхой одежде не приставляет заплаты из небеленной ткани: иначе вновь пришитое отдерет от старого, и дыра будет еще хуже.

Мк.2:22. Никто не вливает вина молодого в мехи ветхис: иначе молодое вино прорвет мехи, и вино вытечет, и мехи пропадут; но вино молодое надобно вливать в мехи новые.

Как «небеленная», то есть новая, заплата по своей твердости только раздерет ветхую одежду, если будет пришита к ней, и как новое вино по своей крепости разорвет старые мехи, так и ученики Мои еще не окрепли, и потому, если обременим их, мы через это сделаем им вред, так как они по немощи своего ума похожи еще на ветхую одежду. Итак, не следует возлагать на них тяжелой заповеди поста. Или можешь и так понимать: Христовы ученики, будучи уже новыми людьми, не могут служить старым обычаям и законам.

Мк.2:23. И случилось Ему в субботу проходить засеянными *полями*, и ученики Его дорогою начали срывать колосья.

Мк.2:24. И фарисеи сказали Ему: смотри, что они делают в субботу, чего́ не должно *делать?*

Мк.2:25. Он сказал им: неужели вы не читали никогда, что́ сделал Давид, когда имел нужду и взалкал сам и бывшие с ним?

Мк.2:26. как вошел он в дом Божий при первосвященнике Авиафаре и ел хлебы предложения, которых не должно было есть никому, кроме священников, и дал и бывшим с ним?

Мк.2:27. И сказал им: суббота для человека, а не человек для субботы;

Мк.2:28. посему Сын Человеческий есть господин и субботы.

Ученики Господа срывают колосья, как приученные жить уже не по закону. Когда фарисеи стали негодовать на это, то Христос заграждает им уста, указывая на Давида, который по нужде нарушил закон при архиерее Авиафаре. Бегая от Саула, пророк Давид пришел к сему архиерею и обманул его, сказав, что он послан царем по крайней военной надобности. Тут он и ел хлебы предложения, и взял обратно меч Голиафа, некогда посвященный им Богу. Означенных хлебов было двенадцать; они каждый день возлежали на трапезе, шесть на правой и шесть на левой стороне трапезы. Некоторые спрашивают: почему евангелист назвал здесь архиерея Авиафаром, тогда как книга Царств именует его Ахимелехом (*1Цар. 21*)? Можно сказать на это, что архиерей тот имел два имени: Ахимелеха и Авиафара. Можно объяснить и иначе, именно: книга Царств говорит о тогдашнем иерее Ахимелехе, а евангелист об Авиафаре, тогдашнем архиерее, и потому показания их не противоречат одно другому. Иерей был на тот раз Ахимелех, а Авиафар был тогда архиереем.

В высшем смысле разумей это так: Христовы ученики идут в субботу, то есть в душевном покое (суббота – значит покой); следовательно, когда возымели свободу от страстей и от нападения бесов, тогда совершают путь, то есть делаются и для других путеводителями к добродетели, срывая и искореняя всякие земные и низкие мечтательные произрастания. Ибо кто предварительно не освободится от страстей и не настроит себя к тихому образу жизни, тот не может путеводить других и быть для них вождем ко благу.

ГЛАВА ТРЕТЬЯ

Мк.3:1. И пришел опять в синагогу; там был человек, имевший иссохшую руку.

Мк.3:2. И наблюдали за Ним, не исцелит ли его в субботу, чтобы обвинить Его.

Мк.3:3. Он же говорит человеку имевшему иссохшую руку: стань на средину.

Мк.3:4. А им говорит: должно ли в субботу добро делать, или зло делать? душу спасти, или погубить? Но они молчали.

Мк.3:5. И, воззрев на них с гневом, скорбя об ожесточении сердец их, говорит тому человеку: протяни руку твою. Он протянул, и стала рука его здорова, как другая.

По случаю обвинения иудеями учеников за то, что они в субботу срывали колосья, Господь и примером Давида уже заградил уста обвинителям, а чтоб и теперь еще более вразумить их, Он чудодействует, чрез это Он выражает следующее: вот как неповинны в грехе ученики Мои: Я и Сам делаю в день субботний, являя сие чудо. Ежели чудодействовать есть грех, то вообще и делать необходимое в субботу есть грех; но совершить чудо для спасения человека есть дело Божие, следовательно, не нарушает закона и тот, кто делает в субботу что-либо не худое. Поэтому Господь и спрашивает иудеев: «должно ли в субботу добро делать?», обличая их в том, что они препятствуют Ему делать добро. В переносном смысле суха бывает правая рука у всякого, кто не творит дела правой стороны. К такому человеку говорит Христос: «стань», то есть отстань от греха, «стань на средину», то есть на средину добродетелей, так как всякая добродетель есть средина, не склоняющаяся ни к недостатку, ни к излишеству. Итак, когда он станет на эту средину, тогда рука его снова сделается здоровой. Заметь и слово «стала»; было время, когда мы имели руки, или деятельные силы, здоровыми, когда, то есть еще не было совершено преступление: а с тех пор, как рука наша простерлась к запрещенному плоду, она стала сухой по отношению к деланию добра. Но она опять придет в прежнее здоровое состояние, когда мы станем посреди добродетелей.

Мк. 3:6. Фарисеи, выйдя, немедленно составили с иродианами совещание против Него, как бы погубить Его.

Мк. 3:7. Но Иисус с учениками Своими удалился к морю; и за Ним последовало множество народа из Галилеи, Иудеи,

Мк. 3:8. Иерусалима, Идумеи и из-за Иордана. И *живущие* в окрестностях Тира и Сидона, услышав, что Он делал, шли к нему в великом множестве.

Мк. 3:9. И сказал ученикам Своим, чтобы готова была для Него лодка по причине многолюдства, дабы не теснили Его.

Мк. 3:10. Ибо многих Он исцелил, так что имевшие язвы бросались к Нему, чтобы коснуться Его.

Мк. 3:11. И духи нечистые, когда видели Его, падали пред Ним и кричали: Ты Сын Божий.

Мк. 3:12. Но Он строго запрещал им, чтобы не делали Его известным.

Кто такие были иродиане? – или воины Иродовы, или какая новая секта, признавшая Ирода за Христа по той причине, что при нем кончилось преемство иудейских царей. Пророчеством Иакова определялось, что когда оскудеют князья от Иуды, тогда придет Христос (*Быт.49*). Итак, поскольку во времена Ирода никто уже не был князем из иудеев, но властвовал Ирод иноплеменник (он был идумеянин), то некоторые приняли его за Христа и составили секту. Сии-то люди и хотели было убить Господа. Но Он уходит, поскольку еще не настало время страдания. Уходит от неблагодарных и для того, чтобы облагодетельствовать большее число людей. За Ним действительно последовали многие, и Он исцелял их; даже тиряне и сидоняне получили пользу, несмотря на то, что были иноплеменники. Между тем единоплеменники Его гнали Его. Так-то нет пользы в родстве, если нет благонравия! Вот и чужие приходили к Христу издалека, а иудеи гнали Его, пришедшего к ним. Смотри же, как Христос чужд славолюбия; чтоб народ не обступил Его, Он требует лодку, дабы в ней быть поодаль от народа.

«Язвами» евангелист называет болезни, ибо болезни действительно много содействуют к вразумлению нашему, так что Бог наказывает нас сими язвами, как отец детей. В переносном смысле обрати внимание и на то, что Иисуса хотят убить иродиане, эти плотские и грубые люди (Ирод – значит кожаный). Напротив, те, кои вышли из домов и из отечества своего, то есть от плотского образа жизни, те последуют за Ним; почему и исцелятся раны их, то есть грехи, уязвляющие совесть, и нечистые духи изгоняются. Вникни, наконец, в то, что Иисус приказывает ученикам Своим подать лодку, дабы народ не стеснял Его. Иисус есть в нас слово, повелевающее, чтобы лодка наша, то есть тело наше, готово было для Него, а не предоставлялось бы буре житейских дел, дабы эти толпы забот о делах не беспокоили живущего в нас Христа.

Мк.3:13. Потом взошел на гору и позвал к Себе, кого Сам хотел; и пришли к Нему.

Мк. 3:14. И поставил *из них* двенадцать, чтобы с Ним были и чтобы посылать их на проповедь,

Мк. 3:15. и чтобы они имели власть исцелять от болезней и изгонять бесов;

Мк. 3:16. поставил Симона, нарекши ему имя Петр,

Мк. 3:17. Иакова Зеведеева и Иоанна, брата Иакова, нарекши им имена Воанергес, то есть «сыны громовы»,

Мк. 3:18. Андрея, Филиппа, Варфоломея, Матфея, Фому, Иакова Алфеева, Фаддея, Симона Кананита

Мк. 3:19. и Иуду Искариотского, который и предал Его.

Восходит на гору для того, чтобы помолиться. Поскольку пред сим творил чудеса то после совершения чудес молится, конечно, в урок нам, чтоб мы благодарили Бога, как скоро сделаем что-либо доброе, и приписывали бы то силе Божией. Или поскольку Господь намеревался рукоположить апостолов, то по этому случаю восходит на гору для молитвы в наставление наше, что и нам, когда намереваемся рукоположить кого, сначала должно молиться, чтоб открыт был нам достойный того и чтобы мы не делались участниками «в чужих грехах» (*1Тим. 5, 22*). А что и Иуду избирает в апостола, то отсюда мы должны понять, что Бог не отвращается человека, имеющего сделать зло, из-за будущего его злого дела, но что за настоящую его добродетель сподобляет его чести, хотя бы он впоследствии сделался худым человеком. Евангелист перечисляет имена апостолов по поводу лжеапостолов, дабы знали истинных апостолов. Сынами громовыми называет сынов Зеведея, как особенно великих проповедников и богословов.

Мк. 3:20. Приходят в дом; и опять сходится народ, так что им невозможно было и хлеба есть.

Мк. 3:21. И, услышав, ближние Его пошли взять Его, ибо говорили, что Он вышел из себя.

Мк. 3:22. А книжники, пришедшие из Иерусалима, говорили, что Он имеет *в Себе* веельзевула и что изгоняет бесов силою бесовского князя.

«И услышав, – говорит, – ближние Его», может быть, люди из одного с Ним отечественного города или даже братья – вышли взять Его; ибо говорили, что Он вышел из себя, то есть что имеет беса. Так как они слышали, что Он изгоняет бесов и исцеляет болезни, то по зависти думали, что Он имеет беса и «вышел из себя», почему и хотели взять Его, чтоб связать как беснующегося. Так думали и хотели поступить с Ним и ближние Его. Подобно и иерусалимские книжники говорили, что Он имеет в Себе беса. Поскольку они не могли отвергать совершившихся перед ними чудес, то поносят их другим способом, производя их от бесов.

Мк. 3:23. И, призвав их, говорил им притчами: как может сатана изгонять сатану?

Мк. 3:24. Если царство разделится само в себе, не может устоять царство то́;

Мк. 3:25. и если дом разделится сам в себе, не может устоять дом тот;

Мк. 3:26. и если сатана восстал на самого себя и разделился, не может устоять, но пришел конец его.

Мк. 3:27. Никто, войдя в дом сильного, не может расхитить вещей его, если прежде не свяжет сильного, и тогда расхитит дом его.

Опровергает ненавистливых иудеев неоспоримыми примерами. Как возможно, – говорит, – бесу изгонять бесов, когда и в обыкновенных домах видим, что пока живущие в них мирны, дома стоят благополучно, а коль скоро произойдет в них разделение, – падают? Как возможно, – говорит, – чтобы кто расхитил посуду крепкого, если наперед не свяжет его? Эти слова означают следующее: «сильный» есть диавол; «вещи» его суть люди, служащие ему вместилищем. Таким образом, если кто наперед не свяжет и не низложит диавола, то как он может расхитить у него сосуды его, то есть беснующихся? Поэтому, если Я расхищаю сосуды его, то есть освобождаю людей от насилия бесовского, то, следовательно, Я наперед связал и низложил бесов, и оказываюсь врагом их. Итак, как же вы говорите, что Я имею в Себе веельзевула, то есть, что Я изгоняю бесов, будучи другом их и волшебником?

Мк.3:28. Истинно говорю вам: будут прощены сынам человеческим все грехи и хуления, какими бы ни хулили;

Мк.3:29. но кто будет хулить Духа Святаго, тому не будет прощения вовек, но подлежит он вечному осуждению.

Мк.3:30. Сие сказал Он, потому что говорили: в Нем нечистый дух.

То, что Господь говорит здесь, означает следующее: люди, согрешающие во всем прочем, еще могут извиняться чем-нибудь и получить прощение, по Божию снисхождению к слабости человеческой. Например, кои называли Господа ядцею и винопийцею, другом мытарей и грешников, то получат прощение в этом. Но когда видят, что Он творит несомненные чудеса, и между тем хулят Духа Святаго, то есть чудотворения, происходящие от Святаго Духа, тогда как они получат прощение, если не покаются? Когда соблазнялись плотью Христовой, то в этом случае, хотя бы и не покаялись, будут прощены, как люди соблазнившиеся; а когда видели Его творящим дела Божии и все еще хулили, как будут прощены, если останутся нераскаянными?

Мк.3:31. И пришли Матерь и братья Его и, стоя вне *дома,* послали к Нему звать Его.

Мк.3:32. Около Него сидел народ. И сказали Ему: вот Матерь Твоя и братья Твои, и сестры Твои, вне *дома,* спрашивают Тебя.

Мк. 3:33. И отвечал им: кто Матерь Моя и братья Мои?

Мк. 3:34. И обозрев сидящих вокруг Себя, говорит: вот матерь Моя и братья Мои;

Мк. 3:35. ибо кто будет исполнять волю Божию, тот мне брат и сестра, и матерь.

Братья Господа по зависти пришли взять Его, как неистового и бесноватого. А Мать, вероятно, по внушению чувства чести, пришла отвлечь Его от учения, показывая таким образом народу, что Тому, Кому они удивляются, Она свободно распоряжается и может отвлекать Его от учения. Но Господь отвечает: Матери Моей никакой не будет пользы быть Матерью Моею, если Она не будет совмещать в Себе всех добродетелей. Так же точно и родство бесполезно будет для братьев Моих. Потому что те только суть истинные сродники Христа, которые творят волю Божию. Итак, говоря это, Он не отрекается от Матери, но показывает, что Она достойна будет чести не за одно только рождение, но и за всякое другое доброе дело: если бы сего Она не имела, то другие предвосхитили бы честь родства.

ГЛАВА ЧЕТВЕРТАЯ

Мк.4:1. И опять начал учить при море; и собралось к Нему множество народа, так что Он вошел в лодку и сидел на море, а весь народ был на земле у моря.

Мк.4:2. И учил их притчами много,

Хотя, казалось, и отослал Мать Свою, однако, опять повинуется Ей, ибо ради Нее выходит к морю. Садится в лодку для того, чтобы, имея перед глазами всех, говорить в услышание всех и никого не иметь позади Себя.

И в учении Своем говорил им:

Мк.4:3. слушайте: вот, вышел сеятель сеять;

Мк.4:4. и, когда сеял, случилось, что иное упало при дороге, и налетели птицы и поклевали то́.

Мк.4:5. Иное упало на каменистое *место*, где немного было земли, и скоро взошло, потому что земля была неглубока;

Мк.4:6. когда же взошло солнце, увяло и, как не имело корня, засохло.

Мк.4:7. Иное упало в терние, и терние выросло, и заглушило *семя*, и оно не дало плода.

Мк.4:8. И иное упало на добрую землю и дало плод, который взошел и вырос, и принесло иное тридцать, иное шестьдесят, и иное сто.

Мк.4:9. И сказал им: кто имеет уши слышать, да слышит!

Мк.4:10. Когда же остался без народа, окружающие Его, вместе с двенадцатью, спросили Его о притче.

Мк.4:11. И сказал им: вам дано знать тайны Царствия Божия, а тем внешним всё бывает в притчах,

Мк.4:12. так что они своими глазами смотрят, и не видят; своими ушами слышат, и не разумеют; да не обратятся, и прощены будут им грехи.

Первую притчу предлагает о семени, дабы сделать слушателей более внимательными. Так как Он намерен сказать, что семя есть слово и что оно, упавши в невнимательных, пропадает, то говорит об этом прежде всего, дабы слушатели постарались быть внимательными и непохожими на ту землю, которая губит семя. Но кто такой Сеятель? Сам Христос, Который по человеколюбию и снисхождению неотлучно исшел из Отчих недр, исшел же не для того, чтобы сожечь проклятую землю и злые сердца, не для того, чтобы иссечь терния, но чтобы сеять семя. Какое семя? Не Моисеево ли? Не семя ли пророков? Нет, Свое, то есть, чтобы проповедовать Свое Евангелие. Он и сеял; но из семян одно пало на душу, подобно дороге, попираемой многими, и птицы небесные, то есть демоны, владеющие в воздухе, пожрали это семя. К таким людям относятся человекоугодники; они то же, что дорога, попираемая многими. Кто все делает только для угождения тому или другому, тот бывает попираем многими. Но заметь, Господь не сказал, что семя брошено при пути, но что оно пало при пути, потому что Сеятель бросает семя на землю, как на добрую, а она сама уже, оказавшись худой, губит семя, то есть слово. Впрочем, некоторые хорошо принимали упавшее при пути в том смысле, что оно пало на неверное сердце. Ибо Путь есть Христос, а находящиеся при пути суть неверные, которые вне пути, то есть Христа. Другое семя пало на душу каменистую, разумею тех, которые легко принимают слово, но потом отвергают. Они каменисты, как уподобившиеся несколько камню, то есть Христу, поскольку приняли слово; но как они принимают слово на время и потом отвергают, то через это теряют и подобие. Иное семя упало на душу, пекущуюся о многом, ибо «терние» суть житейские попечения. Но четвертое семя пало на добрую землю. Итак смотри, как редко добро и как мало спасающихся! Только четвертая часть семени оказалась уцелевшей! Ученикам спросившим Его наедине, говорит: «вам дано знать тайны» (*Мф.13:11*). Но неужели по распределению и назначению от природы одним дано это, а другим, нет? Быть не может; но тем дано, как ищущим: «ищите, – сказано, – и дастся вам» (ср. *Мф.7:7*), а прочих Бог оставил в слепоте, дабы знание должного не послужило к большему их осуждению, когда они не исполняют сего должного. Впрочем, хочешь ли знать, что от Бога дано всем видеть должное? Слушай! «Своими глазами смотрят» – это от Бога, «и не видят» – это от злобы их; ибо Бог создал их видящими, то есть понимающими доброе, но они не видят, смежая очи свои добровольно, чтобы не обратиться и не исправляться, как бы завидуя собственному спасению и исправлению. Можно и так понимать: прочим же говорю притчами, «так что они своими глазами смотрят, и не видят; своими ушами слышат, и не разумеют», чтобы хотя поэтому обратились и исправились.

Мк.4:13. И говорит им: не понимаете этой притчи? Как же вам уразуметь все притчи?

Мк.4:14. Сеятель слово сеет.

Мк.4:15. *Посеянное* при дороге означает тех, в которых сеется слово, но *к которым*, когда услышат, тотчас приходит сатана и похищает слово, посеянное в сердцах их.

Мк.4:16. Подобным образом и посеянное на каменистом *месте* означает тех, которые, когда услышат слово, тотчас с радостью принимают его,

Мк.4:17. но не имеют в себе корня и непостоянны; потом, когда настанет скорбь или гонение за слово, тотчас соблазняются.

Мк.4:18. Посеянное в тернии означает слышащих слово,

Мк.4:19. но в которых заботы века сего, обольщение богатством и другие пожелания, входя в них, заглушают слово, и оно бывает без плода.

Мк.4:20. А посеянное на доброй земле означает тех, которые слушают слово и принимают, и приносят плод, один в тридцать, другой в шестьдесят, иной во сто крат.

Здесь указано три разряда людей, в которых слово пропадает: одни – невнимательны, эти означены словом «при дороге»; другие – малодушны, сии разумеются под словом «на каменистом месте»: третьи – сластолюбивы, означаемые словом «в тернии». Три же разряда и тех, которые приняли и сохранили семя: одни приносят плод во сто – это люди совершенной и высокой жизни; другие – в шестьдесят, это средние; иные – в тридцать, которые хотя немного, но все же приносят по силе своей. Так, одни суть девственники и пустынники, другие живут вместе в общежитии, иные в мире и в браке. Но Господь принимает всех их, как приносящих плод. И благодарение Его человеколюбию!

Мк.4:21. И сказал им: для того ли приносится свеча, чтобы поставить ее под сосуд или под кровать? не для того ли, чтобы поставить ее на подсвечнике?

Мк.4:22. Нет ничего тайного, что не сделалось бы явным, и ничего не бывает потаенного, что не вышло бы наружу.

Мк.4:23. Если кто имеет уши слышать, да слышит!

Здесь Господь научает апостолов быть светлыми по жизни и поведению. Как светильник поставляется для того, чтобы светить, так и ваша жизнь, – говорит, – будет видна всем, и все будут смотреть на нее. Поэтому старайтесь вести жизнь добрую; ибо вы поставлены не в углу, но служите светильником, а светильника не скрывают под кровать, но ставят на виду, на подсвечнике. И из нас каждый есть светильник, который должен быть поставлен на подсвечнике, то есть на высоте жизни по Богу, дабы мог светить и другим, а не под спудом чревоугодия и заботы о пище и не под кроватью бездействия. Ибо никто, занятый попечением о пище и преданный лености, не может быть светильником, светящим своей жизнью для всех.

«И ничего не бывает потаенного, что не вышло бы наружу». Что бы кто ни делал втайне: доброе или злое – все обнаружится и здесь, а особенно в будущем веке. Что было сокровеннее Бога? Однако и Он явился во плоти.

Мк.4:24. И сказал им; замечайте, что слышите: какою мерою мерите, такою отмерено будет вам и прибавлено будет вам, слушающим.

Мк.4:25. Ибо кто имеет, тому дано будет, а кто не имеет, у того отнимется и то, что имеет.

Господь побуждает учеников к бодрствованию. Замечайте, – говорит, – что слышите; не опускайте ничего сказанного Мною. «Какою мерою мерите, такою отмерено будет вам», то есть, в какой мере вы внимательны, в такой мере получите и пользу. Тому слушателю, который внимателен всегда и притом в высшей степени, воздаст Бог и награду великую, а медлительному человеку соразмерная будет и прибыль вознаграждения. Кто будет иметь ревность и усердие, тому дастся и награда, а кто не имеет ревности и усердия, у того взято будет и то, что он думает иметь. Ибо по причине лености гаснет в нем и та малая искра, которую он прежде имел, подобно как от усердия она возжигается.

Мк.4:26. И сказал: Царствие Божие подобно тому, как если человек бросит семя в землю,

Мк.4:27. и спит, и встает ночью и днем; и ка́к семя всходит и растёт, не знает он,

Мк.4:28. ибо земля сама собою производит сперва зелень, потом колос, потом полное зерно в колосе.

Мк.4:29. Когда же созреет плод, немедленно посылает серп, потому что настала жатва.

Под Царством Божиим разумеет Божие смотрение о нас. «Человек» есть Сам Бог, сделавшийся ради нас человеком. Он бросил «семя в землю», то есть евангельскую проповедь. Бросив его, Он «спит», то есть восшел на небеса; впрочем, Он и «встает ночью и днем». Ибо хотя Бог, по-видимому, и спит, то есть долготерпит, но Он восстает: восстает ночью, когда посредством искушений возбуждает нас к познанию Его; восстает днем, когда наполняет нашу жизнь радостями и утешениями. Семя растет как будто без ведома Его, потому что мы свободны, и от нашей воли зависит расти или не расти этому семени. Не по неволе приносим плод, но добровольно, то есть приносим плод от самих себя. Сначала, когда бываем младенцами, еще не достигшими в меру возраста Христова, мы произращаем «зелень», показываем начаток добра; потом – «колос», когда бываем уже в состоянии противостать и искушениям, ибо колос связывается уже коленцами, стоит прямо и достиг уже большего развития; затем образуется в колосе «полное зерно» – это тогда, когда кто приносит плод совершенства. Когда же настанет «жатва», тогда «серп» собирает плоды. «Серп» этот есть Слово Божие, а «жатва» – время кончины.

Мк.4:30. И сказал: чему уподобим Царствие Божие? или какою притчею изобразим его?

Мк.4:31. Оно – как зерно горчичное, которое, когда сеется в землю, есть меньше всех семян на земле;

Мк.4:32. а когда посеяно, всходит и становится больше всех злаков, и пускает большие ветви, так что под тенью его могут укрываться птицы небесные.

Мк.4:33. И таковыми многими притчами проповедывал им слово, сколько они могли слышать.

Мк.4:34. Без притчи же не говорил им, а ученикам наедине изъяснял всё.

Мало слово веры: потому что следует только уверовать во Христа, и ты спасешься. Видишь, что слово сие столь же мало, как и горчичное зерно. Но посеянная на землю проповедь слова расширилась и разрослась, так что на ней покоятся птицы небесные, то есть все люди с выспренним и горним умом и знанием. В самом деле, сколько мудрых успокоилось на этой проповеди, оставив эллинскую мудрость! Таким образом проповедь сделалась больше всего и пустила великие ветви. Ибо апостолы как ветви разошлись: один – в Рим, другой – в Индию, третий – в Ахаию, прочие же – в другие страны земли. Господь говорит народу многими притчами, предлагая притчи сообразно с состоянием слушателей. Поскольку народ был прост и неучен, то поэтому напоминает ему о горчичном зерне, о траве и семени, дабы известными ему и обыкновенными предметами научить его чему-либо полезному или заставить его подойти и спросить, и по вопросе разуметь непонятное. Так, ученикам объяснял Он все наедине, поскольку они прямо приступали к Нему и спрашивали. Объяснял же все только такое, о чем они спрашивали и чего не знали, а не вообще все, даже и ясное. Ибо когда уразумевали то, о чем спрашивали, то из этого становилось ясно для них и другое, и таким образом разрешалось для них все.

Мк.4:35. Вечером того дня сказал им: переправимся на ту сторону.

Мк.4:36. И они, отпустив народ, взяли Его с собою, как Он был в лодке; с Ним были и другие лодки.

Мк.4:37. И поднялась великая буря; волны били в лодку, так что она уже наполнялась *водою* .

Мк.4:38. А Он спал на корме на возглавии. Его будят и говорят Ему: Учитель! неужели Тебе нужды нет, что мы погибаем?

Мк.4:39. И, встав, Он запретил ветру и сказал морю: умолкни, перестань.

Мк.4:40. И ветер утих, и сделалась великая тишина. И сказал им: что вы так боязливы? как у вас нет веры?

Мк.4:41. И убоялись страхом великим и говорили между собою: кто же Сей, что и ветер, и море повинуются Ему?

Матфей повествовал об этом иначе (*Мф.8:23–27*), чем Марк: о чем тот сказал пространнее, то этот сократил, и наоборот, что первый изложил кратко, о том последний сказал пространнее. Господь берет с Собою одних учеников, предоставляя им быть зрителями будущего чуда. Но чтобы они не превозносились тем, что других отослал, а их взял, и вместе, чтобы научить их переносить опасности, попускает им быть в опасности от бури. А спит Он при сем с той целью, чтобы чудо показалось им тем важнее, после того как они перепугались. Иначе, если бы буря случилась при бодрственном состоянии Христа, они не испугались бы или не обратились бы к Нему с прошением о спасении. И вот Он попускает им быть в страхе от опасности, дабы они пришли в сознание силы Его. Поскольку они только на других видели благодеяния Христовы, а сами не испытали ничего подобного, то была опасность, что они сделаются беспечными; поэтому Господь попускает быть буре. Он спит на корме корабля (она была, конечно, деревянная). Пробудившись, Христос запрещает сначала ветру, так как он бывает причиной морского волнения, а потом укрощает и море. Обличает и учеников за то, что они не имели веры. Ибо если бы они имели веру, то верили бы, что Он и спящий может сохранить их невредимыми. Ученики говорили между собою: «кто же Сей», потому что имели еще неопределенное понятие о Нем. Так как Христос укротил море одним повелением, а не жезлом, как Моисей, не молитвенным воззванием, как Елисей Иордан, не ковчегом, как Иисус Навин, то по этой причине Он показался им выше человека; а тем, что спал, Он являлся им опять человеком.

ГЛАВА ПЯТАЯ

Мк.5:1. И пришли на другой берег моря, в страну Гадаринскую.

Мк.5:2. И когда вышел Он из лодки, тотчас встретил Его вышедший из гробов человек, *одержимый* нечистым духом,

Мк.5:3. он имел жилище в гробах, и никто не мог его связать даже цепями,

Мк.5:4. потому что многократно был он скован оковами и цепями, но разрывал цепи и разбивал оковы, и никто не в силах был укротить его;

Мк.5:5. всегда, ночью и днем, в горах и гробах, кричал он и бился о камни;

В списках более исправных читается: «в страну Гергесинскую». Матфей говорит, что было два бесноватых (*Мф.8:32*), а Марк и Лука (*Лк.8:26–33*) говорят об одном. Сии последние избрали лютейшего из них и повествуют о нем. Бесноватый идет и исповедует Христа Сыном Божиим. Поскольку бывшие на корабле недоумевали о том, кто Он, то последует достовернейшее свидетельство о Нем от врагов, разумею бесов. Бесноватый жил во гробах, потому что бес хотел внушить через это ложную мысль, что души умерших становятся бесами, чему никак не должно верить.

Мк.5:6. увидев же Иисуса издалека, прибежал и поклонился Ему,

Мк.5:7. и, вскричав громким голосом, сказал: что Тебе до меня, Иисус, Сын Бога Всевышнего? заклинаю Тебя Богом, не мучь меня!

Мк.5:8. Ибо *Иисус* сказал ему: выйди, дух нечистый, из сего человека.

Мк.5:9. И спросил его: как тебе имя? И он сказал в ответ: легион имя мне, потому что нас много.

Мк.5:10. И много просили Его, чтобы не высылал их вон из страны той.

Выйти из человека демоны почитают мучением, почему и говорили: «не мучь», то есть не выгоняй нас из жилища нашего, то есть из человека. С другой стороны, они думали, что Господь не будет более терпеть их за чрезмерную их дерзость, но тотчас предаст мучению, поэтому и молят, чтобы не мучил их. Господь спрашивает бесноватого не для того, чтоб Самому знать, но чтоб другие знали о множестве вселившихся в него бесов. Поскольку пред глазами стоял один человек, то Христос показывает, со сколькими врагами боролся этот жалкий человек.

Мк.5:11. Паслось же там при горе большое стадо свиней.

Мк.5:12. И просили Его все бесы, говоря: пошли нас в свиней, чтобы нам войти в них.

Мк.5:13. Иисус тотчас позволил им. И нечистые духи, выйдя, вошли в свиней; и устремилось стадо с крутизны в море, а их было около двух тысяч; и потонули в море.

Мк.5:14. Пасущие же свиней побежали и рассказали в городе и деревнях.

Бесы молили Господа, чтобы Он не высылал их вон из страны, но чтобы пустил в стадо свиней. Он соглашается на это. Поскольку жизнь наша есть брань, то Господь не хотел удалить от нее демонов, дабы они своей борьбой с нами делали нас искуснейшими. Попускает им войти в свиней, дабы мы знали, что они как не пощадили свиней, так не пощадили бы и человека того, если бы не сохранила его сила Божия. Ибо бесы, будучи враждебны нам, тотчас истребили бы нас, если бы не охранял нас Бог. Итак, знай, что демоны не имеют власти даже над свиньями, и тем более над людьми, если не попустит Бог. Но знай и то, что в людей, живущих по-свински и валяющихся в тине чувственных удовольствий, вселяются демоны, которые низвергают их со стремнин погибели в море сей жизни, и они утопают.

Мк.5:14. И *жители* вышли посмотреть, что случилось.

Мк.5:15. Приходят к Иисусу и видят, что бесновавшийся, в котором был легион, сидит и одет, и в здравом уме; и устрашились.

Мк.5:16. Видевшие рассказали им о том, как это произошло с бесноватым, и о свиньях.

Мк.5:17. И начали просить Его, чтобы отошел от пределов их.

Мк.5:18. И когда Он вошел в лодку, бесновавшийся просил Его, чтоб быть с Ним.

Мк.5:19. Но Иисус не дозволил ему, а сказал: иди домой к своим и расскажи им, что сотворил с тобою Господь и *как* помиловал тебя.

Мк.5:20. И пошел и начал проповедывать в Десятиградии, что сотворил с ним Иисус; и все дивились.

Пораженные чудом жители города того вышли к Иисусу, услышав же о подробностях, они еще более испугались. Потому и молили Иисуса выйти из пределов их. Они боялись, чтоб не потерпеть еще чего-либо большего. Потеряв свиней и сожалея об этой потере, они отказываются и от присутствия Господа. Напротив, бесновавшийся просил у Него позволения быть с Ним, так как опасался, чтобы бесы, найдя его одного, опять не вошли в него. Но Господь отсылает его домой, показывая, что

Его сила и промышление будут охранять его и в отсутствии. Отсылает его вместе и для того, чтобы он доставил пользу другим, которые увидят его. Поэтому он и начал проповедовать, и все удивлялись. Но посмотри, как Спаситель чужд превозношения! Он не сказал: «расскажи», что сотворил тебе Я, но: «что сотворил с тобою Господь». Так и ты, когда сделаешь что-либо доброе, приписывай сделанное не себе, но Богу.

Мк.5:21. Когда Иисус опять переправился в лодке на другой берег, собралось к Нему множество народа. Он был у моря.

Мк.5:22. И вот, приходит один из начальников синагоги, по имени Иаир, и, увидев Его, падает к ногам Его

Мк.5:23. и усильно просит Его, говоря: дочь моя при смерти; приди и возложи на нее руки, чтобы она выздоровела и осталась жива.

Мк.5:24. Иисус пошел с ним. За Ним следовало множество народа, и теснили Его.

Мк.5:25. Одна женщина, которая страдала кровотечением двенадцать лет,

Мк.5:26. много потерпела от многих врачей, истощила все, что было у ней, и не получила никакой пользы, но пришла еще в худшее состояние, –

Мк.5:27. услышав об Иисусе, подошла сзади в народе и прикоснулась к одежде Его, ибо говорила:

Мк.5:28. если хотя к одежде Его прикоснусь, то выздоровею.

Мк.5:29. И тотчас иссяк у ней источник крови, и она ощутила в теле, что исцелена от болезни.

После чуда над бесноватым Господь совершает другое чудо – воскрешает дочь начальника синагоги. Для иудеев, очевидцев события, евангелист сказывает и имя начальника синагоги. Это был человек полуверующий: тем, что пал в ноги Христу, он оказывается верующим, но тем, что просил Его идти, показывает веру не такую, какую должно; ему следовало сказать: «скажи только слово». Между тем, на пути Господа исцеляется и кровоточивая жена. Жена эта имела великую веру, потому что надеялась исцелиться от одной одежды Господа; за то и получила исцеление. В переносном смысле разумей это и о человеческой природе. Она была кровоточива, потому что производила грех, который есть убийство души и который проливает кровь душ наших. Природа наша не могла получить исцеления от многих врачей, то есть ни от мудрецов века сего, ни даже от Закона и пророков. Но она исцелилась, лишь только прикоснулась к одежде Христа, то есть к плоти Его. Ибо кто верует, что Христос воплотился, тот и есть прикасающийся к одежде Его.

Мк.5:30. В то же время Иисус, почувствовав Сам в Себе, что вышла из Него сила, обратился в народе и сказал: кто прикоснулся к Моей одежде?

Мк.5:31. Ученики сказали Ему: Ты видишь, что народ теснит Тебя, и говоришь: кто прикоснулся ко Мне?

Мк.5:32. Но Он смотрел вокруг, чтобы видеть ту, которая сделала это.

Мк.5:33. Женщина в страхе и трепете, зная, что с нею произошло, подошла, пала пред Ним и сказала Ему всю истину.

Мк.5:34. Он же сказал ей: дщерь! вера твоя спасла тебя; иди в мире и будь здорова от болезни твоей.

Сила выходит из Христа не так, чтобы переменяла место, напротив, она и другим сообщается, и в то же время без уменьшения пребывает во Христе, подобно как и уроки учения остаются и при учащих, и преподаются учащимся. Но смотри, как народ со всех сторон стеснял Его, и между тем ни один не прикоснулся к Нему; напротив, жена, не стеснявшая Его, прикоснулась к Нему. Отсюда научаемся той тайне, что из людей, занятых множеством житейских забот, никто не прикасается ко Христу: они только гнетут Его; напротив, кто не гнетет Иисуса и не обременяет своего ума суетными попечениями, тот прикасается к Нему. Но для чего Господь открывает жену? Во-первых, для того, чтобы прославить веру жены, во-вторых, для того, чтобы возбудить веру в начальнике синагоги, что и дочь его также будет спасена, а вместе и для того, чтобы освободить от сильного страха жену, которая боялась, как бы укравшая исцеление. Так и евангелист говорит: «в страхе и трепете подошла». Поэтому Господь не сказал: Я спас тебя, но: «вера твоя спасла тебя; иди в мире», то есть в покое. Мысль этих слов такая: будь спокойна ты, которая доселе была в скорби и смятениях.

Мк.5:35. Когда Он еще говорил сие, приходят от начальника синагоги и говорят: дочь твоя умерла; что еще утруждаешь Учителя?

Мк.5:36. Но Иисус, услышав сии слова, тотчас говорит начальнику синагоги: не бойся, только веруй.

Мк.5:37. И не позволил никому следовать за Собою, кроме Петра, Иакова и Иоанна, брата Иакова.

Мк.5:38. Приходит в дом начальника синагоги и видит смятение и плачущих и вопиющих громко.

Мк.5:39. И, войдя, говорит им: что смущаетесь и плачете? девица не умерла, но спит.

Мк.5:40. И смеялись над Ним. Но Он, выслав всех, берет с Собою отца и мать девицы и бывших с Ним и входит туда, где девица лежала.

Мк.5:41. И, взяв девицу за руку, говорит ей: «талифá куми́», что значит: девица, тебе говорю, встань.

Мк.5:42. И девица тотчас встала и начала ходить, ибо была лет двенадцати. *Видевшие* пришли в великое изумление.

Мк.5:43. И Он строго приказал им, чтобы никто об этом не знал, и сказал, чтобы дали ей есть.

Люди начальника синагоги почитали Христа одним из обыкновенных учителей почему просили прийти и помолиться о девице, а напоследок, когда она умерла, подумали, что Он уже не нужен после смерти ее. Но Господь ободряет отца и говорит: «только веруй». Между тем не позволяет никому идти за Собою, кроме трех учеников, потому что смиренный Иисус ничего не хочет делать напоказ. При Его словах: «девица не умерла, но спит» смеются; это попущено с тем, чтобы после не имели предлога говорить, что она была в обмороке, и что не диво, если Он воскресил ее; напротив, чтобы сами себя уличили собственным свидетельством о воскрешении Им действительно умершей, когда даже смеялись над Его словами, что она не умерла, но спит. Господь берет ее за руку, дабы сообщить ей силу; а велит дать ей есть для того, чтобы удостоверить в воскресении как в действительном, а не в мнимом происшествии.

ГЛАВА ШЕСТАЯ

Мк.6:1. Оттуда вышел Он и пришел в Свое отечество; за Ним следовали ученики Его.

Мк.6:2. Когда наступила суббота, Он начал учить в синагоге; и многие слышавшие с изумлением говорили: откуда у Него это? что за премудрость дана Ему, и как такие чудеса совершаются руками Его?

Мк.6:3. Не плотник ли Он, сын Марии, брат Иакова, Иосии, Иуды и Симона? Не здесь ли, между нами, Его сестры? И соблазнялись о Нем.

Господь приходит в отечество не потому, что не знал, что окажут Ему невнимание, но для того, чтобы впоследствии не могли говорить: если б Он пришел, то мы уверовали бы. Приходит вместе и для обличения завистливого нрава Своих соотечественников; ибо тогда как им надлежало восхищаться Господом, так украшающим их отечество и учением, и чудесами, они вместо того уничижали Господа за Его бедное происхождение. Вот какое зло – зависть! Она всегда старается помрачить доброе и не позволяет завидующим видеть его. Так и ныне многие по неблагонамеренности и крайнему неблагородству бесславят некоторых по причине незнатного происхождения их, хотя они достойны всякой чести.

Мк.6:4. Иисус же сказал им; не бывает пророка без чести, разве только в отечестве своем и у сродников и в доме своем.

Мк.6:5. И не мог совершить там никакого чуда, только на немногих больных возложив руки, исцелил их;

Мк.6:6. И дивился неверию *их* .

Господь говорит вообще о всех пророках, что они не пользуются честью в отечествах своих, между сродниками и домашними. Имеют ли они знаменитых сродников? В таком случае эти сродники завидуют им и потому бесчестят. Будут ли они бедного происхождения? – опять бесславят их за бедное происхождение. Господь не мог сотворить там чудес не потому, что был бессилен, но потому, что те были люди неверующие. Щадя их, Он не творит чудес, дабы не послужили к большему осуждению их как людей неверующих и при виде чудес. С другой стороны, для чудотворений потребна, во-первых, сила творящего, во-вторых, вера приемлющих чудо. Поскольку же здесь не доставало второго (из этих условий), то есть веры имеющих нужду в исцелении, то Иисусу не благопотребно было творить чудеса. Так и должны мы понимать, что выражение евангелиста «и не мог» употреблено вместо – не решался.

потом ходил по окрестным селениям и учил.

Мк.6:7. И, призвав двенадцать, начал посылать их по два, и дал им власть над нечистыми духами.

Мк.6:8. И заповедал им ничего не брать в дорогу, кроме одного посоха: ни сумы, ни хлеба, ни меди в поясе,

Мк.6:9. но обуваться в простую обувь и не носить двух одежд.

Мк.6:10. И сказал им: если где войдете в дом, оставайтесь в нем, доколе не выйдете из того места.

Мк.6:11. И если кто не примет вас и не будет слушать вас, то, выходя оттуда, отрясите прах от ног ваших, во свидетельство на них. Истинно говорю вам: отраднее будет Содому и Гоморре в день суда, нежели тому городу.

СВЯТОЙ ФЕОФИЛАКТ БОЛГАРСКИЙ, АРХИЕПИСКОП ОХРИДСКИЙ

Господь учил не в одних городах, но и в весях, дабы мы знали, что и нам не должно ни пренебрегать малыми городами, ни постоянно посещать большие города, но что должно сеять слово и в незначительных местечках. Далее, не только Сам Он учил, но и посылает учеников Своих, притом по два, дабы они были смелее. Иначе если бы Он послал их по одному, то один не так бы смело мог действовать, а если бы послал более чем по два, то числа апостолов не достало бы для всех селений. Итак, посылает по два: «Двоим лучше, нежели одному», – говорит Екклесиаст (*Еккл.4, 9*). Заповедует им ничего не брать – ни сумы, ни денег при поясе, ни хлеба, чтобы таким образом научить их нестяжательности и чтобы другие, взирая на них, умилялись, когда они будут научать нестяжательности тем, что сами ничего не имеют. В самом деле, кто не умилится и не подвигнется к нестяжательности, видя, что апостол не берет ни сумы, ни хлеба, который всего нужнее для нас? Велит им пребывать в одном доме, дабы не подумали о них, что они переменяют места ради чревоугодия, бродя от одних к другим. У тех, кои не примут их, они должны были, по словам Господа, отрясти пыль с ног своих в знак того, что они совершили далекий путь ради них и, однако, без пользы для них, или в знак того, что они ничего не взяли у них, самой даже пыли, что, напротив, и ее отрясли, дабы это обратилось во свидетельство им, то есть в обличение. «Истинно говорю вам, отраднее будет Содому и Гоморре в день суда» нежели тем, которые не примут вас. Ибо содомляне, быв наказаны здесь, там будут наказаны легче; притом апостолы не были посылаемы к ним. Напротив, непринявшие апостолов будут терпеть муки тягчайшие тех.

Мк.6:12. Они пошли и проповедывали покаяние;

Мк.6:13. изгоняли многих бесов и многих больных мазали маслом и исцеляли.

О том, что апостолы помазывали маслом, говорит один Марк и еще Иаков, брат Божий, в своем Соборном послании: «Болен ли кто из вас, пусть призовет пресвитеров Церкви, и пусть помолятся над ним, помазав его елеем» (*Иак. 5, 14*). Масло полезно бывает и против болезней, оно идет для освещения, употребляется при радостном состоянии духа и означает милость Божию и благодать Духа, которой мы избавляемся от болезней и от которой получаем и свет, и радость, и веселие духовное.

Мк.6:14. Царь Ирод, услышав *об Иисусе* (ибо имя Его стало гласно), говорил: это Иоанн Креститель воскрес из мертвых, и потому чудеса делаются им.

Мк.6:15. Другие говорили: это Илия, а иные говорили: это пророк, или как один из пророков.

Мк.6:16. Ирод же, услышав, сказал: это Иоанн, которого я обезглавил; он воскрес из мертвых.

Этот Ирод был сын Ирода, избившего младенцев. Как тетрарха, Марк называет его царем, употребляя это имя не в строгом смысле. Услышав о чудесах Господних и сознавая, что без причины убил праведного Иоанна, Ирод начал думать, что он воскрес из мертвых и по воскресении получил силу чудотворения. Прежде Иоанн не сотворил ни одного знамения, но после воскресения, – так думал Ирод, – получил он силу творить знамения. Но другие говорили о Христе, что это Илия, потому что Он обличал многих, например, когда говорил: «о, род неверный!» А Ирод боялся. Так жалок был этот человек, что боялся мертвого!

Мк.6:17. Ибо сей Ирод, послав, взял Иоанна и заключил его в темницу за Иродиаду, жену Филиппа, брата своего, потому что женился на ней.

Мк.6:18. Ибо Иоанн говорил Ироду: не должно тебе иметь жену брата твоего.

Мк.6:19. Иродиада же, злобясь на него, желала убить его; но не могла.

Мк.6:20. Ибо Ирод боялся Иоанна, зная, что он муж праведный и святой, и берёг его; многое делал, слушаясь его, и с удовольствием слушал его.

Воспользовавшись случаем, Марк помещает здесь вводную речь о смерти Крестителя. Одни говорят, что Ирод взял Иродиаду еще при жизни Филиппа и за то обличаем был как беззаконник, вступивший в брак с женой живого брата своего. Напротив, другие утверждают, что Филипп уже умер, но оставил после себя дочь. А когда у Филиппа осталась дочь, то Ироду не следовало жениться на братовой жене и после смерти брата; ибо Закон повелевал брату взять жену брата своего в том случае, когда бы сей последний умер бездетным. Но в настоящем случае оставалась дочь; следовательно, брак Ирода был беззаконный. Смотри, как сильна страсть плотской любви! Вот Ирод, имевший столько уважения и страха к Иоанну, пренебрег этим, чтобы только удовлетворить свою страсть.

Мк.6:21. Настал удобный день, когда Ирод, по случаю *дня* рождения своего, делал пир вельможам своим, тысяченачальникам и старейшинам Галилейским, –

Мк.6:22. дочь Иродиады вошла, плясала и угодила Ироду и возлежавшим с ним; царь сказал девице: проси у меня, чего хочешь, и дам тебе;

Мк.6:23. и клялся ей: чего ни попросишь у меня, дам тебе, даже до половины моего царства.

Мк.6:24. Она вышла и спросила у матери своей: чего просить? Та отвечала: головы Иоанна Крестителя.

Мк.6:25. И она тотчас пошла с поспешностью к царю и просила, говоря: хочу, чтобы ты дал мне теперь же на блюде голову Иоанна Крестителя.

Мк.6:26. Царь опечалился, но ради клятвы и возлежавших с ним не захотел отказать ей.

Мк.6:27. И тотчас, послав оруженосца, царь повелел принести голову его.

Мк.6:28. Он пошел, отсек ему голову в темнице, и принес голову его на блюде, и отдал ее девице, а девица отдала ее матери своей.

Мк.6:29. Ученики его, услышав, пришли и взяли тело его, и положили его во гробе.

Пир идет весело: сатана пляшет в девице, и дается клятва, беззаконная и безбожная, а более всего безумная. «Чтобы ты дал мне», – говорит злая жена, – «теперь же», сейчас. Безрассудный же и любострастный Ирод побоялся нарушить клятву и потому убивает праведника, тогда как должен был в сем случае изменить клятве и не совершать столь ужасного преступления (исполнять клятву не везде хорошо). Оруженосцем назывался такой военный человек, который поставляем был обществом на то, чтобы казнить и убивать преступников. Можно понимать рассматриваемое место и в переносном, духовном смысле. Так, Ирод представляет собой грубо-плотский народ иудейский: он взял жену – ложную и нелепую славу, дочь которой и ныне еще пляшет и находится в движении у иудеев, – это обольщающее их знание Писаний. Они думают, что знают Писания, тогда как на самом деле не знают, ибо они обезглавили Иоанна, то есть пророческое слово, потому что не приняли Главу пророчества, разумею Христа. Поэтому если они имеют пророческое слово, то имеют его без Главы, то есть без Христа.

Мк.6:30. И собрались Апостолы к Иисусу и рассказали Ему всё, и что сделали, и чему научили.

Мк.6:31. Он сказал им: пойдите вы одни в пустынное место и отдохните немного, ибо много было приходящих и отходящих, так что и есть им было некогда.

Мк.6:32. И отправились в пустынное место в лодке одни.

Мк.6:33. Народ увидел, *как* они отправлялись, и многие узнали их; и бежали туда пешие из всех городов, и предупредили их, и собрались к Нему.

После своего проповедования апостолы собираются к Иисусу. Это должно быть для нас уроком, что и мы, быв избраны на какое-либо служение, не должны выходить из послушания избравшему нас и возноситься пред ним, но должны признать его главой, обращаться к нему и доносить ему обо всем, что сделали мы и чему научили (надобно не только учить, но и делать). Христос дает ученикам Своим отдохнуть; это урок уже предстоятелям, чтобы они умели давать и отдых труждающимся в слове и учении, а не всегда держали бы их в напряжении и трудах. Далее, Господь, не любя славы, удаляется в пустое место. Однако и здесь не укрылся от искавших Его. Напротив, народ столь внимательно наблюдал, как бы Господь не укрылся от него, что предварил, то есть опередил, самих апостолов и пошел к тому месту, где Иисус намеревался отдохнуть. Так и ты предваряй Иисуса: не дожидайся, чтоб Он тебя подозвал, но лучше сам поспеши вперед, чтобы предупредить Его.

Мк.6:34. Иисус, выйдя, увидел множество народа и сжалился над ними, потому что они были, как овцы, не имеющие пастыря; и начал учить их много.

Мк.6:35. И как времени прошло много, ученики Его, приступив к Нему, говорят: место *здесь* пустынное, а времени уже много, –

Мк.6:36. отпусти их, чтобы они пошли в окрестные деревни и селения и купили себе хлеба, ибо им нечего есть.

Мк.6:37. Он сказал им в ответ; вы дайте им есть. И сказали Ему: разве нам пойти купить хлеба динариев на двести и дать им есть?

Мк.6:38. Но Он спросил их: сколько у вас хлебов? пойдите, посмотрите. Они, узнав, сказали: пять хлебов и две рыбы.

Мк.6:39. Тогда повелел им рассадить всех отделениями на зеленой траве.

Мк.6:40. И сели рядами, по сто и по пятидесяти.

Фарисеи, будучи хищными волками, не пасли народа, а поедали его. Поэтому народ, миновав их, собирается ко Христу, истинному Пастырю. И Христос дает ему пищу, сначала более полезную и ценную – в слове, а потом и телесную. Но посмотри на учеников, как они отличаются человеколюбием! Жалея о народе, подходят ко Христу и начинают умолять Его о нем. Господь же, искушая их и испытывая, познали ли они силу Его, что Он может напитать народ, говорит: «вы дайте им есть». На это ученики, в виде упрека, представляют Ему, с одной стороны, великость своей скудости, с другой, – многочисленность народа, как будто Он не знает этого. В сем затруднении они говорят: «разве нам пойти купить хлеба динариев на двести и дать им есть?» Наконец Господь заставляет всех возлечь на траве отдельными рядами. То есть как бы за разные столы.

Мк.6:41. Он взял пять хлебов и две рыбы, воззрев на небо, благословил и преломил хлебы и дал ученикам Своим, чтобы они раздали им; и две рыбы разделил на всех.

Мк.6:42. И ели все, и насытились.

Мк.6:43. И набрали кусков хлеба и *остатков* от рыб двенадцать полных коробов.

Мк.6:44. Было же евших хлебы около пяти тысяч мужей.

Господь взирает на небо, во-первых, для того, чтобы научить нас просить себе пищу у Бога, а не у диавола, как делают люди, живущие неправедными прибытками, во-вторых, для того, чтобы показать народу, что Христос не противник Богу, напротив, Сам призывает Бога. Дает хлебы ученикам, дабы они не позабыли о чуде после того, как принимали хлебы собственными руками. И двенадцать коробов избытков остаются для того же, чтобы каждый из апостолов, понесши на своих плечах по коробу, содержал чудо всегда в памяти. А то, чтобы не только напитать такое множество народа, но еще оставить избытки, есть знак преизбыточествующей силы во Христе. Моисей хотя и давал манну, но только на нужду каждого, ибо в том, что оставалось лишнего, заводились черви. И Илия, пропитывая известную жену, доставлял именно столько, сколько достаточно было для пропитания. Напротив, Иисус как Владыка производит то, что оказывается избыток. Это – смысл исторический. В переносном смысле пять хлебов означают книги Моисеевы, которых пять: Бытие, Исход, Левит, Числа и Второзаконие. Две рыбы знаменуют слова рыбарей – Апостол и Евангелие. Ими-то питаются наши пять чувств, означаемые пятью тысячами народа. Впрочем, мы не все можем съесть, но многое останется в избытке, что могут понести одни апостолы. Так, труднейших сторон разумения Закона и Евангелия мы, еще раболепствующие пяти чувствам, не можем понести, а могут одни апостолы.

Мк.6:45. И тотчас понудил учеников Своих войти в лодку и отправиться вперед на другую сторону к Вифсаиде, пока Он отпустит народ.

Мк.6:46. И, отпустив их, пошел на гору помолиться.

Мк.6:47. Вечером лодка была посреди моря, а Он один на земле.

Мк.6:48. И увидел их бедствующих в плавании, потому что ветер им был противный; около же четвертой стражи ночи подошел к ним, идя по морю, и хотел миновать их.

Мк.6:49. Они, увидев Его идущего по морю, подумали, что это призрак, и вскричали.

Мк.6:50. Ибо все видели Его и испугались. И тотчас заговорил с ними и сказал им: ободритесь; это Я, не бойтесь.

Мк.6:51. И вошел к ним в лодку, и ветер утих. И они чрезвычайно изумлялись в себе и дивились,

Мк.6:52. ибо не вразумились *чудом* над хлебами, потому что сердце их было окаменено.

«Понудил учеников». Ученики только по понуждению разлучаются с Ним, а сами по себе они не хотели расставаться, частью по своей любви к Нему, частью по недоумению о том, как Он может прийти к ним без лодки. А Он, отпустив народ, восходит (на гору) помолиться наедине, так как молитва требует уединения и невозмутимого состояния. Господь попускает ученикам быть обуреваемыми на море, дабы они научились терпению. Для того же Он не тотчас и является к ним, но попускает быть в опасности от бури целую ночь, чтобы приучить их быть терпеливыми и ждать избавления не в самом начале опасностей. Но заметь и другое обстоятельство, то есть что перед тем, как прекратить опасность, Он повергает их тем в больший страх; ибо, когда увидели Его, они закричали от испуга, думая, что это привидение. Тогда Господь тотчас ободряет их гласом Своим, говоря: «не бойтесь»; потом, войдя в лодку, дает им совершенное успокоение, потому что ветер вдруг перестал. Ходить по морю есть великое чудо и свойственно единому истинному Богу; а тем, что было смятение между учениками и противный ветер, чудо еще более возвышается. Что же до апостолов, они, не познав (Христа) из чуда над хлебами, познали Его из настоящего чуда на море. Поэтому можно думать, что Христос попустил им быть в опасности и для того, чтобы они, не познав Его из чуда над хлебами, познали теперь из чуда над морем и отсюда извлекли для себя пользу.

Мк.6:53. И, переправившись, прибыли в землю Геннисаретскую и пристали *к берегу* .

Мк.6:54. Когда вышли они из лодки, тотчас *жители,* узнав Его,

Мк.6:55. обежали всю окрестность ту и начали на постелях приносить больных туда, где Он, как слышно было, находился.

Мк.6:56. И куда ни приходил Он, в селения ли, в города ли, в деревни ли, клали больных на открытых местах и просили Его, чтобы им прикоснуться хотя к краю одежды Его; и которые прикасались к Нему, исцелялись.

Господь прибыл в сие место, кажется, после немалого времени (отсутствия); поэтому евангелист и говорит: «узнав Его... начали приносить больных». В дома они еще не звали Его, но сами приносили больных, умоляя о том, чтобы им прикоснуться хотя к краю одежды Его. Ибо чудо над кровоточивой женой дошло до сведения всех и произвело в них тем большую веру.

ГЛАВА СЕДЬМАЯ

Мк. 7:1. Собрались к Нему фарисеи и некоторые из книжников, пришедшие из Иерусалима,

Мк. 7:2. и, увидев некоторых из учеников Его, евших хлеб нечистыми, то есть неумытыми, руками, укоряли.

Мк. 7:3. Ибо фарисеи и все Иудеи, держась предания старцев, не едят, не умыв тщательно рук;

Мк. 7:4. и, *придя* с торга, не едят не омывшись. Есть и многое другое, чего они приняли держаться: наблюдать омовение чаш, кружек, котлов и скамей.

Мк. 7:5. Потом спрашивают Его фарисеи и книжники: зачем ученики Твои не поступают по преданию старцев, но неумытыми руками едят хлеб?

Наученные держаться одной добродетели и кроме ее ничем иным не озабочиваться, ученики Господа без умысла и в простоте ели неумытыми руками. Между тем фарисеи, желая найти предлог к порицанию, ловят этот случай и обвиняют апостолов, хотя не как нарушителей Закона, но как нарушителей предания старцев, ибо в Законе нет предписания умывать руки до локтей пред принятием пищи, но этого держались они как предания старцев.

Мк. 7:6. Он сказал им в ответ: хорошо пророчествовал о вас, лицемерах, Исаия, как написано: люди сии чтут Меня устами, сердце же их далеко отстоит от Меня,

Мк. 7:7. но тщетно чтут Меня, уча учениям, заповедям человеческим.

СВЯТОЙ ФЕОФИЛАКТ БОЛГАРСКИЙ, АРХИЕПИСКОП ОХРИДСКИЙ

Мк.7:8. Ибо вы, оставив заповедь Божию, держитесь предания человеческого, омовения кружек и чаш, и делаете многое другое, сему подобное.

Мк.7:9. И сказал им; хорошо ли, *что* вы отменяете заповедь Божию, чтобы соблюсти свое предание?

Мк.7:10. Ибо Моисей сказал: почитай отца своего и мать свою; и: злословящий отца или мать смертью да умрет.

Мк.7:11. А вы говорите: кто скажет отцу или матери: корван, то есть дар *Богу* тó, чем бы ты от меня пользовался,

Мк.7:12. тому вы уже попускаете ничего не делать для отца своего или матери своей,

Мк.7:13. устраняя слово Божие преданием вашим, которое вы установили; и делаете многое сему подобное.

Чтобы сильнее обличить иудеев, Господь приводит и пророка, осуждающего их. Они обвиняли учеников за то, что ученики преступили предание старцев, а Господь направляет против них самих гораздо сильнейшее обвинение, именно: что они преступают закон Моисеев. Закон, – говорит Он, – учит: «почитай отца своего и мать свою» (*Исх.20:12*); а вы учите детей говорить своим родителям так: то, чего вы хотите от меня, есть корван, то есть посвящено Богу. Ибо фарисеи, желая воспользоваться имуществом простых людей, учили детей (когда дети имели какую-либо собственность и родители требовали у них) говорить следующее: я уже посвятил то Богу, и ты не требуй посвященного Богу. Обольщая таким образом детей и убеждая их посвящать Богу из своего имения, фарисеи чрез это заставляли их пренебрегать родителями, и посвященное Богу поглощали сами. Это-то Господь и ставит им в вину, что они ради корысти преступают Закон Божий.

Мк.7:14. И, призвав весь народ, говорил им: слушайте Меня все и разумейте:

Мк.7:15. ничто, входящее в человека извне, не может осквернить его; но что исходит из него, то оскверняет человека.

Мк.7:16. Если кто имеет уши слышать, да слышит!

Мк.7:17. И когда Он от народа вошел в дом, ученики Его спросили Его о притче.

Мк.7:18. Он сказал им: неужели и вы так непонятливы? Неужели не разумеете, что ничто, извне входящее в человека, не может осквернить его?

Мк.7:19. Потому что не в сердце его входит, а в чрево, и выходит вон, *чем* очищается всякая пища.

Мк.7:20. Далее сказал: исходящее из человека оскверняет человека.

Мк.7:21. Ибо извнутрь, из сердца человеческого, исходят злые помыслы, прелюбодеяния, любодеяния, убийства,

Мк.7:22. кражи, лихоимство, злоба, коварство, непотребство, завистливое око, богохульство, гордость, безумство, –

Мк.7:23. всё это зло извнутрь исходит и оскверняет человека.

Научая людей понимать предписания Закона о пище не плотским образом, Господь начинает здесь постепенно раскрывать смысл Закона и говорит, что ничто, входящее внутрь, никого не оскверняет, но сквернит то, что исходит из сердца. Под «завистливым оком» разумеет или зависть, или распутство: потому что и завистливый бросает на завидуемого обыкновенно лукавый и язвительный взгляд, и развратный, засматриваясь своими очами, стремится к делу лукавому. «Богохульством» называет оскорбление Бога: если, например, кто станет говорить, что нет Промысла Божия, то это будет хула: почему Господь и совокупляет с ней «гордость». Гордость есть как бы пренебрежение Бога, когда кто, сделав доброе дело, приписывает его не Богу, а собственной силе. Под «безумством» разумеет обиду против ближних. Все эти страсти оскверняют душу, и возникают, и исходят из нее. К народу Господь говорил таким образом не довольно ясно, почему и заметил: «кто имеет уши слышать, да слышит», то есть: понимающий пусть понимает. Что же касается апостолов, которые глубже понимали речь Господа и подошли спросить Его о «притче», то есть об этой прикровенной речи (притча есть прикровенная речь), то Господь сначала упрекнул их, сказав: «неужели и вы так непонятливы?», но потом разрешил им то, что было для них неудобовразумительно.

Мк. 7:24. И, отправившись оттуда, пришел в пределы Тирские и Сидонские; и, войдя в дом, не хотел, чтобы кто узнал; но не мог утаиться.

Мк. 7:25. Ибо услышала о Нем женщина, у которой дочь одержима была нечистым духом, и, придя, припала к ногам Его;

Мк. 7:26. а женщина та была язычница, родом сирофиникиянка; и просила Его, чтобы изгнал беса из ее дочери.

Мк. 7:27. Но Иисус сказал ей: дай прежде насытиться детям, ибо нехорошо взять хлеб у детей и бросить псам.

Мк. 7:28. Она же сказала Ему в ответ: так, Господи; но и псы под столом едят крохи у детей.

Мк. 7:29. И сказал ей: за это слово, пойди; бес вышел из твоей дочери.

Мк. 7:30. И, придя в свой дом, она нашла, что бес вышел и дочь лежит на постели.

После того, как сказал о пище и увидел, что иудеи не веруют, Господь переходит в пределы язычников, ибо при неверии иудеев спасение имело перейти к язычникам. Сначала Господь старался скрываться, чтобы иудеи не имели предлога обвинять Его, как бы приставшего к стороне нечистых язычников. Однако Он не мог утаиться, ибо нельзя было Ему утаиться и никем не быть узнану. Означенная жена, услышав о Нем, обнаруживает горячую веру. Поэтому и Господь не тотчас соглашается (на ее просьбу), но отсрочивает дар, дабы показать, что вера жены тверда и что она терпеливо ждет, несмотря на отказ. Научимся и мы не оставлять тотчас молитвы, когда не получаем немедленно просимого, но терпеливо продолжать молитву до тех пор, пока получим то, чего просим. Господь называет язычников «псами», так как они почитались у иудеев нечистыми. «Хлебом» называет Он благодеяние, назначенное Богом для «детей», то есть для евреев. Поэтому и говорит, что язычникам не следует участвовать в благодеянии, которое назначено для иудеев. Поскольку же жена отвечала разумно и с верой, то получила просимое. Иудеи, – говорит она, – имеют хлеб, то есть всего Тебя, сшедшего с небес, и Твои благодеяния, а я прошу «кроху», то есть малой доли Твоих благодеяний. Но посмотри, как действует и Господь! Он не сказал: сила Моя спасла тебя, но что сказал? «За это слово», то есть за веру твою, «пойди», дочь твоя исцелилась. Извлеки отсюда и ты полезный урок. Всякий из нас, когда делает грех, есть «женщина», то есть слабая душа. Такая душа есть «финикиянка», как имеющая багряный, то есть кровавый и убийственный грех. У такой души есть «дочь» – лукавые действия, действия бесовские. Будучи грешниками, мы именуемся «псами», полными нечистот, почему и недостойны бываем принять «хлеб» Божий, то есть причаститься пречистых Тайн. Но если мы в смирении сознаем, что мы псы, если исповедуемся и откроем грехи свои, то исцелится дочь наша, то есть бесовские дела.

Мк.7:31. **Выйдя из пределов Тирских и Сидонских,** *Иисус* **опять пошел к морю Галилейскому через пределы Десятиградия.**

Мк.7:32. Привели к Нему глухого косноязычного и просили Его возложить на него руку.

Мк.7:33. Иисус, отведя его в сторону от народа, вложил персты Свои в уши ему и, плюнув, коснулся языка его;

Мк.7:34. и, воззрев на небо, вздохнул и сказал ему: «еффафá», то есть: отверзись.

Мк.7:35. И тотчас отверзся у него слух и разрешились узы его языка, и стал говорить чисто.

Мк.7:36. И повелел им не сказывать никому. Но сколько Он ни запрещал им, они еще более разглашали.

Мк.7:37. И чрезвычайно дивились, и говорили: всё хорошо делает, — и глухих делает слышащими, и немых говорящими.

Господь не медлит в языческих местах, но скоро удаляется от них, дабы, как я сказал, не подать иудеям повода говорить о Себе, что Он поступает противозаконно, смешиваясь с язычниками. Удаляясь поэтому из пределов Тира и Сидона, Он приходит в Галилею и тут исцеляет глухонемого, которого недуг был от беса. Он отводит «его в сторону», ибо не был славолюбив, смирив Себя до нашей нищеты и не желая совершать чудес пред многими, разве когда требовала того польза зрителей. «Плюнув, коснулся языка его» в знак того, что все части Святой Его плоти были божественны и святы, так что даже и плюновение разрешало узы языка. Всякое плюновение есть излишек (соков), но в Господе все чудно и божественно. Воззрев на небо, Господь «вздохнул», с одной стороны, молитвенно к Отцу, чтоб Он помиловал человека, и в пример нам, чтобы мы, намереваясь совершать какое-либо доброе дело, взирали к Богу и у Него просили помощи для совершения онаго; а с другой стороны, — воздыхает и из сожаления о человеческой природе, как она до того предана диаволу, что терпит от него такое поругание и страдание. Поэтому-то, когда исцелял Господь, исцеленные и проповедуют о Нем, несмотря на то, что Он запрещал им это и заповедал не говорить ничего. Отсюда научимся и мы, когда благодетельствуем другим, не принимать от них похвал, а когда получаем благодеяния, прославлять благодетелей и разглашать о них, хотя бы они и не желали того.

ГЛАВА ВОСЬМАЯ

Мк.8:1. В те дни, когда собралось весьма много народа и нечего было им есть, Иисус, призвав учеников Своих, сказал им:

Мк.8:2. жаль Мне народа, что уже три дня находятся при Мне, и нечего им есть.

Мк.8:3. Если неевшими отпущу их в домы их, ослабеют в дороге, ибо некоторые из них пришли издалека.

Мк.8:4. Ученики Его отвечали Ему: откуда мог бы кто *взять* здесь в пустыне хлебов, чтобы накормить их?

Мк.8:5. И спросил их: сколько у вас хлебов? Они сказали: семь.

Мк.8:6. Тогда велел народу возлечь на землю; и, взяв семь хлебов и воздав благодарение, преломил и дал ученикам Своим, чтобы они раздали; и они раздали народу.

Мк.8:7. Было у них и немного рыбок: благословив, Он велел раздать и их.

Мк.8:8. И ели, и насытились; и набрали оставшихся кусков семь корзин.

Мк.8:9. Евших же было около четырех тысяч. И отпустил их.

Господь уже и прежде сотворил подобное чудо. Он чудодействует и теперь, имея благоприятный к тому случай. А случай был такой, что народ находился при Нем три дня, и взятый на дорогу съестной запас у него вышел весь. Ибо Господь не всегда совершал чудеса над пищей, дабы не подумали, что народ ходит за Ним ради пищи. Он и теперь не стал бы творить чудеса, если бы не предстояла народу, по-видимому, опасность от недостатка пищи. Но посмотри и на учеников, как они еще неразумны и не имеют еще веры в силу Его, хотя уже видели чудеса! Впрочем, Господь не порицает их, научая и нас не слишком нападать на неопытных, но прощать их, как неразумеющих. Размысли и о том, что Христос никого не хочет отпустить голодным, но желает всех насытить дарами Своими и особенно тех, кои пробыли с Ним три дня, то есть крестившихся. Поскольку крещение называется просвещением и совершается в три погружения, то просвещаемые крещением оказываются тридневными. Господь берет «семь хлебов», разумею семь духовнейших слов, ибо число семь есть образ Духа. Дух все приводит в совершение, а жизнь наша и век сей совершается в седмеричном числе. Просвещенные едят, и насыщаются, и оставляют избытки, поскольку не все Божии мысли могут вместить. Выше, при чудодействии над пятью хлебами, осталось двенадцать коробов избытков, так как там было пять тысяч, которые означали раболепствующих пяти чувствам; поэтому они и не могли съесть многого, но удовлетворились малым, почему и в избытке осталось много. А здесь от семи хлебов осталось семь корзин и малый избыток, поскольку народу было четыре тысячи, которые означают утвердившихся в четырех добродетелях; а потому они, как более крепкие, ели много и оставили мало, ибо только того не могли съесть, что более духовно и глубоко, а это и означают семь корзин. Из рассматриваемой истории познай и то, что мы должны довольствоваться только тем, что нужно, и ничего более не просить. Ибо вот сии люди, евши и насытившись, не взяли с собой хлебных остатков, но их взяли ученики, подобно как было и с вышеупомянутыми коробами. Так и нам должно довольствоваться даруемым, по мере нужды.

Мк.8:10. И тотчас войдя в лодку с учениками Своими, прибыл в пределы Далмануфские.

Мк.8:11. Вышли фарисеи, начали с Ним спорить и требовали от Него знамения с неба, искушая Его.

Мк.8:12. И Он, глубоко вздохнув, сказал: для чего род сей требует знамения? Истинно говорю вам, не дастся роду сему знамение.

После чуда над хлебами Господь тотчас уходит в другое место, опасаясь, чтобы народ вследствие такого чуда не возмутился и не вздумал поставить Его царем. А фарисеи требуют знамения с неба, например, остановить солнце или луну, низвести молнию, произвести перемену в воздухе. Они думали, что небесного знамения Он не в состоянии сотворить, имея возможность производить силой веельзевула одни только земные знамения. Но Иисус не внемлет им; ибо для знамений с неба назначено другое время, разумею, – время второго пришествия, когда силы небесные подвигнутся и луна не даст света своего, время же первого пришествия не имеет ничего подобного, но все исполнено кротости. А потому «не дастся роду сему знамение» с неба.

Мк.8:13. И, оставив их, опять вошел в лодку и отправился на ту сторону.

Мк.8:14. При сем ученики Его забыли взять хлебов и кроме одного хлеба не имели с собою в лодке.

Мк.8:15. А Он заповедал им, говоря: смотрите, берегитесь закваски фарисейской и закваски Иродовой.

Мк.8:16. И, рассуждая между собою, говорили: *это значит,* что хлебов нет у нас.

Мк.8:17. Иисус, уразумев, говорит им: что рассуждаете о том, что нет у вас хлебов? Еще ли не понимаете и не разумеете? Еще ли окаменено у вас сердце?

Мк.8:18. Имея очи, не видите? имея уши, не слышите? и не помните?

Мк.8:19. Когда Я пять хлебов преломил для пяти тысяч *человек*, сколько полных коробов набрали вы кусков? Говорят Ему: двенадцать.

Мк.8:20. А когда семь для четырех тысяч, сколько корзин набрали вы оставшихся кусков? Сказали: семь.

Мк.8:21. И сказал им: как же не разумеете?

Господь оставляет фарисеев как людей неисправимых. Ибо медлить должно там, где есть надежда на исправление, а где зло неисправимо, оттуда надлежит бежать. Ученики забыли взять хлебы по особому устроению Божию, чтобы они после строгого выговора Христова сделались разумнее и познали силу Христову. Ибо когда Господь сказал, чтобы они остерегались закваски фарисейской, то есть учения фарисейского, то они подумали, что Господь напоминает им о закваске хлебной. Итак, справедливо Он упрекает их как неразумеющих силы Христовой, которой Господь может сотворить хлебы и из ничего. Учение фарисеев и иродиан называет закваской по той причине, что оно было терпко и исполнено ветхой злобы. И всякий, кто обветшал во зле и не может говорить ничего духовного, чтобы усладить гортань слышащего, имеет в себе закваску древней злобы, то есть учение ядовитое и ведущее принявших его только к раскаянию. Но кто были иродиане? Это какие-то новоявившиеся учители, кои говорили, что Ирод есть Христос и что в него должно верить.

Мк.8:22. Приходит в Вифсаиду; и приводят к Нему слепого и просят, чтобы прикоснулся к нему.

Мк.8:23. Он, взяв слепого за руку, вывел его вон из селения и, плюнув ему на глаза, возложил на него руки и спросил его: видит ли что?

Мк. 8:24. Он, взглянув, сказал: вижу проходящих людей, как деревья.

Мк. 8:25. Потом опять возложил руки на глаза ему и велел ему взглянуть. И он исцелел и стал видеть все ясно.

Мк. 8:26. И послал его домой, сказав: не заходи в селение и не рассказывай никому в селении.

Вифсаида и Хоразин, кажется, страдали большим неверием, за что Христос и поносил их, как говорит: «горе тебе, Хоразин! горе тебе, Вифсаида! ибо если бы в Тире и Сидоне явлены были силы, явленные в вас, то давно бы они во вретище и пепле покаялись» (*Мф. 11, 21*). По прибытии сюда Господа приводят к Нему слепого. Но вера приведших не была чиста, почему Господь и выводит слепого из селения, и потом уже исцеляет его. Он плюет на очи слепого и возлагает на него руки, дабы мы знали, что Божественное слово и следующее за словом действие может совершать чудеса: ибо рука есть образ действия, а плюновение есть образ слова, поскольку оно выходит из уст. Но и сам слепой не имел совершенной веры. Поэтому Господь не вдруг дает ему прозреть, а постепенно, как человеку, имеющему веру не всецелую, ибо по мере веры даются и исцеления. Заповедует ему не входить в селение, потому что жители Вифсаиды, как я сказал, были неверные, и человек тот среди них повредил бы своей душе; не велит даже никому и говорить о случившемся с ним, чтоб неверующие не подверглись большему осуждению. И мы часто бываем слепы душой, живя в селении, то есть в мире сем; но когда выходим из селения, то есть когда отвергаемся дел мира, Христос исцеляет нас; по исцелении Он говорит нам, чтоб мы не возвращались опять в село, но шли домой, а дом каждого из нас есть небо и тамошние обители.

Мк. 8:27. И пошел Иисус с учениками Своими в селения Кесарии Филипповой. Дорогою Он спрашивал учеников Своих: за кого почитают Меня люди?

Мк.8:28. Они отвечали: за Иоанна Крестителя; другие же – за Илию; а иные – за одного из пророков.

Мк.8:29. Он говорит им: а вы за кого почитаете Меня? Петр сказал ему в ответ: Ты Христос.

Мк.8:30. И запретил им, чтобы никому не говорили о Нем.

Спрашивает их о Себе, отведя далеко от иудеев, чтоб им некого было бояться исповедать истину. Они отвечают, что одни принимают Его за Иоанна, другие за Илию; ибо многие думали, что Иоанн воскрес, как полагал и Ирод, что он по воскресении получил и силу чудотворений, тогда как при жизни своей Иоанн не сотворил ни одного знамения. Спросив их таким образом о мнениях других, Господь спрашивает у них потом и собственного их мнения, как бы так говоря: те так думают обо Мне ошибочно, а вы за кого Меня почитаете? Что же Петр? Он исповедует Его Христом, предвозвещенным пророками. Но что сказал Господь на исповедание Петра и как ублажил его, это Марк опустил, чтобы не показаться пристрастным к Петру, учителю своему. Напротив, Матфей сказал обо всем без опущения. Господь не велел им говорить никому, потому что хотел прикрыть славу Свою, дабы многие не соблазнились о Нем и при неверии не сделались повинными большему наказанию.

Мк.8:31. И начал учить их, что Сыну Человеческому много должно пострадать, быть отвержену старейшинами, первосвященниками и книжниками, и быть убиту, и в третий день воскреснуть.

Мк.8:32. И говорил о сем открыто. Но Петр, отозвав Его, начал прекословить Ему.

Мк.8:33. Он же, обратившись и взглянув на учеников Своих, воспретил Петру, сказав: отойди от Меня, сатана, потому что ты думаешь не о том, что Божие, но что человеческое.

Приняв от учеников Своих исповедание, что Он есть истинный Христос, Господь открыл им и тайну Креста. Но открыл ее еще не вполне, ибо апостолы не понимали того, что Он говорил, и не разумели, что значит воскреснуть, но думали, что лучше Ему вовсе не страдать. Поэтому Петр и начинает возражать, говоря, что напрасно предавать Себя на смерть, когда может и не страдать. Но Господь, показывая, что страдание Его будет во спасение им и многим и что один сатана не хочет, чтоб Он пострадал и спас людей, называет Петра «сатаною» за его мысли, свойственные сатане, за то, что он не желал Христу пострадать, но прекословил Ему; сатана – значит противник. «Отойди от Меня», – говорит, то есть следуй Моей воле, не прекословь и не будь противником Моим, но следуй Мне. Петр, по словам Господа, думал о «человеческом», ибо мыслил плотское, хотел, чтоб Господь оставался в покое, не предавал Себя на Распятие и не подвергался напасти за спасение мира.

Мк.8:34. И, подозвав народ с учениками Своими, сказал им: кто хочет идти за Мною, отвергнись себя, и возьми крест свой, и следуй за Мною.

Мк.8:35. Ибо кто хочет душу свою сберечь, тот потеряет ее, а кто потеряет душу свою ради Меня и Евангелия, тот сбережет ее.

Мк.8:36. Ибо какая польза человеку, если он приобретет весь мир, а душе своей повредит?

Мк.8:37. Или какой выкуп даст человек за душу свою?

Поскольку Петр прекословил Христу, желавшему предать Себя на Распятие, то Христос призывает народ и вслух говорит, направляя речь главным образом против Петра: Ты не одобряешь того, что Я беру Крест, а Я говорю тебе, что ни ты, ни другой кто не спасетесь, если не умрете за добродетель и истину. Заметь, Господь не сказал: умри и тот, кто не хотел бы умирать, но «кто хочет».

Я, – говорит, – никого не принуждаю. Призываю не на зло, а на добро, а потому, кто не хочет, тот и не достоин сего. Что значит отвергнуться себя? Это мы поймем, когда узнаем, что значит отвергнуться другого кого-либо. Кто отвергается другого кого-либо: отца ли, брата ли, или кого-либо из домашних, тот, хотя бы смотрел, как его бьют или убивают, не обращает внимания и не соболезнует, сделавшись чуждым ему. Так и нам повелевает Господь, чтоб и мы ради Его презирали свое тело и не щадили его, хотя бы били или порицали нас. «Возьми крест свой», сказано, то есть поносную смерть, ибо крест почитался тогда орудием поносной казни. А как многих распинали и разбойников, то присовокупляет, что с распятием должно иметь и другие добродетели, ибо это означают слова: «следуй за Мною». Поскольку же повеление предавать себя на смерть показалось бы тяжким и жестоким, то Господь говорит, что оно напротив весьма человеколюбиво; ибо кто погубит душу свою, но ради Меня, а не как разбойник казнимый или самоубийца (в сем случае смерть будет не ради Меня), тот, – говорит, – обретет душу свою, между тем как думающий приобрести душу, погубит ее, если во время мучения не устоит. Не говори Мне, что этот последний сбережет себе жизнь, ибо если бы он даже приобрел целый мир, все бесполезно. Спасение нельзя купить никаким богатством. Иначе, приобретший весь мир, но погубивший душу свою, отдал бы все тогда, когда будет гореть в пламени, и таким образом искупился бы. Но такой выкуп там невозможен. Здесь заграждаются уста и тех, которые вслед за *Оригеном* говорят, что состояние душ переменится на лучшее после того, как они накажутся соразмерно грехам своим. Да слышат они, что там никак нельзя дать выкупа за душу, и мучиться только в той мере, сколько нужно будто бы для удовлетворения за грехи.

Мк. 8:38. Ибо кто постыдится Меня и Моих слов в роде сем прелюбодейном и грешном, того постыдится и Сын Человеческий, когда приидет в славе Отца Своего со святыми Ангелами.

Не довольно одной внутренней веры: требуется и исповедание уст. Ибо как человек двойствен, то двоякое должно быть и освящение, то есть освящение души посредством веры и освящение тела посредством исповедания. Итак, кто «постыдится» исповедать Распятого Богом своим, того и Он «постыдится», признает недостойным рабом Своим, когда «приидет» уже не в смиренном виде, не в уничижении, в котором являлся здесь прежде и за которое некоторые стыдятся Его, но «в славе» и с воинством Ангельским.

ГЛАВА ДЕВЯТАЯ

Мк.9:1. И сказал им: истинно говорю вам: есть некоторые из стоящих здесь, которые не вкусят смерти, как уже увидят Царствие Божие, пришедшее в силе.

Сказав о славе Своей и желая научить, что Он не напрасно упоминает о ней, Господь говорит затем, что «есть некоторые из стоящих здесь», то есть Петр, Иаков и Иоанн, кои не умрут, пока Я не покажу им в Своем Преображении того, с какой славой явлюсь во время пришествия. Ибо Преображение есть не что иное, как предзнаменование второго пришествия. Так просияет в то время Он Сам; так просияют и праведники.

Мк.9:2. И, по прошествии дней шести, взял Иисус Петра, Иакова и Иоанна, и возвел на гору высокую особо их одних, и преобразился перед ними.

Мк.9:3. Одежды Его сделались блистающими, весьма белыми, как снег, как на земле белильщик не может выбелить.

Евангелист Лука говорит, что это было спустя восемь дней. Впрочем, он не противоречит Марку, но совершенно согласен с ним. Речь его обнимает и тот день, в который Господь возвестил (о предстоящем Преображении Своем), и тот, в который Он возвел (учеников на гору), тогда как Марк говорит об одних промежуточных днях. Господь поемлет и возводит на высокую гору только трех верховных апостолов – Петра, как исповедавшего и возлюбившего. Иоанна, как любимого, и Иакова, как великого проповедника и богослова, который был столь тяжек для иудеев, что Ирод, желая угодить иудеям, убил его. Возводит их на гору высокую, дабы чудо было тем славнее. А «особо» (наедине) возводит потому, что хотел явить тайну. Самое Преображение разумей не как существенное изменение вида Христова, но как озарение его неизреченным светом, причем естественный вид его оставался тот же, как и прежде.

Мк.9:4. И явился им Илия с Моисеем; и беседовали с Иисусом.

Мк.9:5. При сем Петр сказал Иисусу: Равви! хорошо нам здесь быть; сделаем три кущи: Тебе одну, Моисею одну, и одну Илии.

Мк.9:6. Ибо не знал, что сказать; потому что они были в страхе.

Мк.9:7. И явилось облако, осеняющее их, и из облака исшел глас, глаголющий: Сей есть Сын Мой Возлюбленный; Его слушайте.

Мк.9:8. И, внезапно посмотрев вокруг, никого более с собою не видели, кроме одного Иисуса.

По многим причинам Илия и Моисей являются беседующими с Христом. Но достаточно упомянуть о двух. Так, поскольку ученики радовались, что в народе одни принимали Его за Илию, а другие – за одного из пророков, то Он являет им величайших пророков, дабы ученики, по крайней мере, таким образом познали различие между рабами и Владыкой. Вот первая причина. Вторая: так как многие почитали Христа богопротивником, разоряющим будто бы субботу и преступающим закон, то Он показывает на горе таких пророков, из коих один был законодатель, а другой – ревнитель; а такие пророки не стали бы беседовать с Ним, если бы Он разорял Закон и не исполнял того, что они проповедали. Петр же боялся сойти с горы (ибо страшился распятия Господня) и потому сказал: «хорошо нам здесь быть» и не сходить в среду иудеев; ибо если враги Твои сюда и придут, мы имеем Моисея, поразившего египтян, имеем Илию, низведшего с неба огонь и истребившего пятидесятоначальников. О чем же беседовали с Ним пророки? Они говорили о Распятии и смерти Его. А что говорил Петр, он сам не знал, что говорит, потому что все они (ученики) были в страхе от неизреченного света и славы Христовой. Он не хотел, чтоб Иисус сходил с горы на Распятие ради нашего спасения, а желал оставаться всегда на горе. Но обратим наш ум и к (таинственному) созерцанию. По кончине мира сего, созданного в шесть дней, возведет нас Иисус, если мы (истинные) Его ученики, «на гору высокую», то есть на небо, и явит Себя нам в светлейшем виде. Ныне Он является нам в бесславном виде, как Распятый и Сын древоделателя, а тогда увидим славу Его, как Единородного; увидим также и Закон, и пророков, беседующих с Ним, то есть изреченное о Нем Моисеем и пророками, тогда уразумеем и найдем совершенное исполнение их вещаний. Тогда услышим мы и Отеческий глас, ибо Отец откроет нам Сына и возвестит: «Сей есть Сын Мой». Как же Он возвестит нам это? При осенении облака, то есть Святаго Духа, ибо Он есть источник жизни.

Мк.9:9. Когда же сходили они с горы, Он не велел никому рассказывать о том, что видели, доколе Сын Человеческий не воскреснет из мертвых.

Мк.9:10. И они удержали это слово, спрашивая друг друга, что значит: воскреснуть из мертвых.

Для чего Иисус заповедывает ученикам не говорить никому о Преображении? Для того чтобы люди, слыша о такой славе Христа, впоследствии не соблазнились, когда увидят Его распинаемым. После же Воскресения из мертвых удобно будет сказать о столь славном событии, бывшем до Распятия Христова. Итак, апостолы «удержали это слово (соблюдая втайне это событие), спрашивая друг друга, что значит: воскреснуть из мертвых», ибо они еще не разумели слов Его, что Ему должно воскреснуть из мертвых.

Мк.9:11. И спросили Его: как же книжники говорят, что Илии надлежит придти прежде?

Мк.9:12. Он сказал им в ответ: правда, Илия должен придти прежде и устроить всё; и Сыну Человеческому, как написано о Нем, *надлежит* много пострадать и быть уничижену.

Мк.9:13. Но говорю вам, что и Илия пришел, и поступили с ним, как хотели, как написано о нем.

Между иудеями держалась молва, что пред пришествием Христа придет Илия. Впрочем, фарисеи не так, как должно, толковали писанное об Илии, но злонамеренно превращали (смысл Писаний), скрывая истину. Ибо пришествий Христовых два: одно – первое (которое уже было), а другое еще имеет быть. Предтечею первого был Иоанн, предтечею второго будет Илия. Но Христос называет Илиею Иоанна, как обличителя, ревнителя и пустынника. Таким образом, Господь опровергает мнение фарисеев, которые думали, что предтечею первого Христова пришествия должен быть Илия. Как же опровергает? Он говорит: «Илия должен придти прежде и устроить все; и Сыну Человеческому, как написано о Нем, надлежит много пострадать». Это значит вот что: когда придет Илия Фесвитянин, он умирит непокорных иудеев, приведет их к вере и таким образом соделается предтечею второго пришествия Христова. А если бы Фесвитянин, долженствующий устроить все, был предтечею первого пришествия, то как же написано, что Сын Человеческий должен пострадать? Итак, одно из двух: или Илия не должен быть предтечею первого пришествия, если Писания говорят истину, что Христу надлежит пострадать, или мы будем верить словам фарисеев, что предтечею первого пришествия должен быть Фесвитянин, – и тогда не будет истины в Писаниях, которые говорят, что Христос постраждет; ибо Илия должен устроить все, и не будет тогда ни одного еврея неверующего, но все поверят проповеди, кто только услышит ее от Илии. Опровергая таким образом превратное мнение фарисеев, Господь сказал, что «Илия (то есть Иоанн) уже пришел, и поступили с ним, как хотели», поскольку не поверили ему, и он принял кончину отсечением (главы), сделавшись жертвой забавы (Иродовой).

Мк.9:14. Придя к ученикам, увидел много народа около них и книжников, спорящих с ними.

Мк.9:15. Тотчас, увидев Его, весь народ изумился, и, подбегая, приветствовали Его.

Мк.9:16. Он спросил книжников; о чем спорите с ними?

Иисус, придя к ученикам, к тем девяти, которые не восходили с Ним на гору, нашел их в состязании с фарисеями. Ибо в отсутствие Иисуса фарисеи, приступив к ученикам Его, покушались привлечь их на свою сторону. Между тем народ, лишь только увидел Его, тотчас приветствовал. Народ смотрел на Него и приветствовал, как бы возвратившегося издалека. А по мнению некоторых, и самый вид Его, от света Преображения сделавшись прекраснее, привлекал к Нему народ с приветствиями.

Мк.9:17. Один из народа сказал в ответ: «Учитель! я привел к Тебе сына моего, одержимого духом немым:

Мк.9:18. где ни схватывает его, повергает его на землю, и он испускает пену, и скрежещет зубами своими, и цепенеет. Говорил я ученикам Твоим, чтобы изгнали его, и они не могли».

Этот человек был немощен в вере, как свидетельствует Господь, сказав: «О, род неверный», и еще «все возможно верующему»; да и тот сам говорит: «помоги моему неверию». Он и учеников (Иисуса) оговаривает, как бы все они были неверующие. А надлежало ему не пред всеми обвинять их, но особо, наедине.

Мк.9:19. Отвечая ему, Иисус сказал: о, род неверный! доколе буду с вами? доколе буду терпеть вас? Приведите его ко Мне.

Мк.9:20. И привели его к Нему. Как скоро *бесноватый* увидел Его, дух сотряс его; он упал на землю и валялся, испуская пену.

Мк.9:21. И спросил *Иисус* отца его: как давно это сделалось с ним? Он сказал: с детства;

Мк.9:22. и многократно *дух* бросал его и в огонь и в воду, чтобы погубить его; но, если что можешь, сжалься над нами и помоги нам.

Мк.9:23. Иисус сказал ему: если сколько-нибудь можешь веровать, всё возможно верующему.

Мк.9:24. И тотчас отец отрока воскликнул со слезами: верую, Господи! помоги моему неверию.

Мк.9:25. Иисус, видя, что сбегается народ, запретил духу нечистому, сказав ему: дух немой и глухой! Я повелеваю тебе, выйди из него и впредь не входи в него.

Мк.9:26. И, вскрикнув и сильно сотрясши его, вышел; и он сделался, как мертвый, так что многие говорили, что он умер.

Мк.9:27. Но Иисус, взяв его за руку, поднял его; и он встал.

Итак, человек тот, придя к Иисусу, винил учеников, что они не могли исцелить сына его; но Христос обращает обвинение на него самого и говорит как бы так: ты не имеешь веры и потому ты сам виновен в том, что не исцелился сын твой. Впрочем, слова Иисуса относятся не к одному только этому человеку, а говорит это Он вообще о всех иудеях, укоряя их за неверие. Ибо многие из предстоящих могли этим случаем соблазниться. А когда говорит Иисус: «доколе буду с вами», то сим выражает, что для Него вожделенна была смерть, то есть как бы так сказал: «прискорбно Мне жить с вами неверующими». Впрочем, Он не останавливается только на укоризне, а подает и исцеление, обнаруживая в исцелении отрока не высокомудрие, а гораздо более – смиренномудрие. Ибо заметь, что не Своей силе, а вере человека того приписывает исцеление, говоря: «всё возможно верующему». Притом Он запретил духу, увидев собиравшийся к Нему народ; опять потому, что не хотел исцелять пред множеством народа, – для показания Своей силы и для Своей славы. А запрещением и словами: «выйди из него и впредь не входи в него» дает знать, что за неверие человека бес опять мог бы войти в него, если б не возбраняем был запрещением Его. Но Он попустил бесу разбить отрока, дабы все поняли бесовское искушение и то, что бес мог бы умерщвлять человека, если б не ограждала их рука Божия. Говоря в переносном смысле, бес повергает людей в огонь гнева и похоти и в бурные волны житейских дел. Этот бес нем и глух – глух, как нехотящий слышать словес Божественных; нем, как немогущий и других научить чему-либо душеполезному. Но когда Иисус, то есть Евангельское Слово, возьмет человека за руку, то есть управит его деятельные силы, тогда он освобождается от беса. Заметь также, что Бог готов помогать нам, но мы сами отрицаемся делать добрые дела. Ибо сказано: «поднял его» Иисус, – вот помощь Божия, «и он встал», то есть в самом человеке возбудилось тщание на добрые дела.

Мк.9:28. И как *вошел* Иисус в дом, ученики Его спрашивали Его наедине: почему мы не могли изгнать его?

Мк.9:29. И сказал им: сей род не может выйти иначе, как от молитвы и поста.

Ученики боялись, не лишились ли они благодати, данной им от Господа, и не потому ли не могли изгнать беса. Заметь и благоговение их в том, что приступают они к Иисусу наедине. «Сей род». Какой? Род бесновавшихся в каждом новомесячии или вообще весь род бесов, который не изгоняется иначе, как молитвой и постом. Должно поститься и тому, кто страждет от них, и тому, кто хочет целить; и тому и другому это нужно, особенно же требуется это от самого страждущего; да и не поститься только надобно, но и молиться, и не молиться только, но и поститься. Ибо так истинная молитва совершается, когда соединяется с постом; когда молящийся не обременен пищей, молиться легко и без затруднения.

Мк.9:30. Выйдя оттуда, проходили через Галилею; и Он не хотел, чтобы кто узнал.

Мк.9:31. Ибо учил Своих учеников и говорил им, что Сын Человеческий предан будет в руки человеческие и убьют Его, и, по убиении, в третий день воскреснет.

Везде слово о Своем страдании соединял Иисус с чудотворениями, дабы не думали, что Он страдал по немощи. И теперь, сказав прискорбное слово, что «убьют Его», присовокупляет и радостное, – что «в третий день воскреснет», дабы мы знали, что за скорбями всегда последует радость, и поэтому дабы не истаивали духом напрасно в скорбях, но надеялись получить что-либо и радостное.

Мк.9:32. Но они не разумели сих слов, а спросить Его боялись.

Мк.9:33. Пришел в Капернаум; и когда был в доме, спросил их: о чем дорóгою вы рассуждали между собою?

Мк.9:34. Они молчали: потому что дорогою рассуждали между собою, кто больше.

Мк.9:35. И, сев, призвал двенадцать и сказал им: кто хочет быть первым, будь из всех последним и всем слугою.

Мк.9:36. И, взяв дитя, поставил его посреди них и, обняв его, сказал им:

Мк.9:37. кто примет одно из таких детей во имя Мое, тот принимает Меня; а кто Меня примет, тот не Меня принимает, но Пославшего Меня.

Ученики, имея еще человеческие помышления, спорили между собой о том, кто из них больше и почетнее у Христа. Но Господь, хотя не возбраняет стремления к большей чести (ибо повелевает нам желать высших степеней), однако, не дозволяет нам похищать первенство у других; напротив, хочет, чтобы мы смирением достигали возвышения. Так Он поставил посреди учеников дитя и поучает нас быть ему подобными. Дитя ни славы не ищет, не завидует, не помнит зла. Да и не тогда только, – говорит Иисус, – вы получите великую награду, когда сами будете такими, как дитя, но если и других подобных примете ради Меня, и за это получите Царство Небесное, поскольку примете Меня; а принимая Меня, примете Пославшего Меня. Видишь ли, какую силу имеет смирение и нрав простой и бесхитростный? Это вселяет в нас Сына и Отца, а, следовательно, и Духа Святаго.

Мк.9:38. При сем Иоанн сказал: Учитель! мы видели человека, который именем Твоим изгоняет бесов, а не ходит за нами; и запретили ему, потому что не ходит за нами.

Мк.9:39. Иисус сказал: не запрещайте ему, ибо никто, сотворивший чудо именем Моим, не может вскоре злословить Меня.

Мк.9:40. Ибо кто не против вас, тот за вас.

Не по соревнованию какому-либо и не по зависти сын громов возбраняет тому человеку изгонять бесов, но желает, чтобы все, призывающие имя Христово, и последовали за Христом и чтобы все ученики составляли одно тело. При начале же евангельской проповеди случалось, что некоторые, побуждаемые страстью славолюбия, желали совершать знамения; но, видя, как могущественно имя Иисусово, они призывали его и таким образом совершали знамения, хотя и чужды, и недостойны были благодати Божией. Ибо Господу угодно было, чтобы проповедь распространялась и чрез недостойных. Что же Спаситель? Он не позволил Иоанну возбранять совершавшему знамения: «Не запрещайте ему, – говорит, – ибо никто, сотворивший чудо именем Моим, не может вскоре злословить Меня». То есть, как будет злословить Меня тот, кто именем Моим приобретает себе славу и призыванием Меня совершает чудеса? По-видимому, Господь противоречит Сам Себе, ибо в другом месте говорит: «Кто не со Мною, тот против Меня» (*Мф.12:30*). Но сии слова сказаны о бесах, которые стараются отвлечь сущих от Бога и рассеивают Божие достояние, а здесь говорится о людях, которые чрез других, делающих чудеса, приводятся к Богу.

Мк.9:41. И кто напоит вас чашею воды во имя Мое, потому что вы Христовы, истинно говорю вам, не потеряет награды своей.

Мк.9:42. А кто соблазнит одного из малых сих, верующих в Меня, тому лучше было бы, если бы повесили ему жерновный камень на шею и бросили его в море.

Я, – говорит, – не только не возбраняю тому, кто совершает Моим именем чудеса, но если кто даст вам что-либо и самое малое ради Меня, а не ради людей мирских, и то не лишится награды своей. А о чаше воды сказал, имея в виду людей, отговаривающихся бедностью. Если, – говорит, – и чашу воды подашь, и меньше этого уже ничего не может быть, и это не пропадет у тебя. Так, если ты почтишь одного из малых, то ты угодишь Богу; если и соблазнишь одного из малых, то ты согрешил: лучше бы повесили тебе на шею жернов ослий (мельничный). Этим выражает, что мы подвергнемся в таком случае тягчайшему наказанию. Господь указал чувственное мучение с тем, чтобы устрашить нас этим видимым примером.

Мк.9:43. И если соблазняет тебя рука твоя, отсеки ее: лучше тебе увечному войти в жизнь, нежели с двумя руками идти в геенну, в огонь неугасимый,

Мк.9:44. где червь их не умирает и огонь не угасает.

Мк.9:45. И если нога твоя соблазняет тебя, отсеки ее: лучше тебе войти в жизнь хромому, нежели с двумя ногами быть ввержену в геенну, в огонь неугасимый,

Мк.9:46. где червь их не умирает и огонь не угасает.

Мк.9:47. И если глаз твой соблазняет тебя, вырви его: лучше тебе с одним глазом войти в Царствие Божие, нежели с двумя глазами быть ввержену в геенну огненную,

Мк.9:48. где червь их не умирает, и огонь не угасает.

Мк.9:49. Ибо всякий огнем осолится, и всякая жертва солью осолится.

Мк.9:50. Соль – добрая *вещь* ; но ежели соль не солона будет, чем вы ее поправите? Имейте в себе соль, и мир имейте между собою.

Высказав такую угрозу против соблазнителей, что лучше бы быть им вверженным в море, Господь поучает теперь соблазняемых остерегаться людей, готовых соблазнить и сбивать их с пути истины. Будет ли соблазнять тебя нога, или рука, или око, то есть будет ли соблазняющий и запинающий в деле спасения из числа домашних твоих, или из близких по плоти, – отсеки его, то есть отвергни любовь к нему и дружбу. А червь и огонь, терзающие грешников, есть совесть каждого и воспоминание о гнусных делах, совершенных в сей жизни. Это угрызает как червь и жжет как огонь. «Всякий, – говорит, – огнем осолится», то есть искушен будет, как и Павел говорит, что все будет искушено огнем (*1Кор. 3, 13*). «И всякая... жертва солию... осолится», – эти слова привел Иисус из книги Левит (*Лев. 2, 13*). Итак, надобно нам осолить свои жертвы солью Божиею, то есть приносить жертвы не чахлые и слабые, но крепкие и здоровые. Солью же Господь называет и апостолов, и вообще тех, которые имеют предохраняющую и вяжущую силу. Ибо как соль предохраняет мясо и не допускает зарождаться в нем червям, так и слово учителя, если оно крепко и вязко, удерживая людей от плотских страстей, не дает в них место неусыпающему червю. Если же сам учитель будет без соли и не будет иметь в себе возбуждающей и вяжущей силы, то чем осолится, то есть исправится? Итак, имейте в себе соль, то есть укрепляющую и вяжущую благодать Духа, чтобы быть вам в мире между собой, связуясь с ближним союзом любви. Вот что значит иметь соль, и вот к чему сказаны слова: мир имейте с ближними своими. О таких Соломон сказал: «Кони мнози в колеснице Фараони» и прочее.

ГЛАВА ДЕСЯТАЯ

Мк.10:1. Отправившись оттуда, приходит в пределы Иудейские за Иорданскою стороною. Опять собирается к Нему народ по обычаю Своему, Он опять учил их.

Мк.10:2. Подошли фарисеи и спросили искушая Его: позволительно ли разводиться мужу с женою?

Мк.10:3. Он сказал им в ответ: что заповедал вам Моисей?

Мк.10:4. Они сказали: Моисей позволил писать разводное письмо и разводиться.

Мк.10:5. Иисус сказал им в ответ: по жестокосердию вашему он написал вам сию заповедь.

Мк.10:6. В начале же создания, Бог «мужчину и женщину сотворил их» (*Быт. 1, 27*).

Мк.10:7. Посему оставит человек отца своего и мать

Мк.10:8. и прилепится к жене своей, и будут два одною плотью; так что они уже не двое, но одна плоть.

Мк.10:9. Итак, что Бог сочетал, того человек да не разлучает.

Господь часто оставлял Иудею по причине ненависти к Нему фарисеев. Но теперь опять приходит в Иудею, потому что приближалось время Его страданий. Впрочем, Он идет не прямо в Иерусалим, но сначала только «в пределы Иудейские», чтобы оказать пользу незлобивому народу; тогда как Иерусалим, по лукавству иудеев, был средоточием всякой злобы. И посмотри, как они по злобе своей искушают Господа, не терпя, чтобы народ уверовал в Него, но всякий раз приступая к Нему с намерением поставить Его в затруднение и припереть Его своими вопросами. Они предлагают Ему такой вопрос, который ставил Его между двух пропастей: позволительно ли, – говорят, – человеку отпускать от себя жену? Ибо скажет ли Он, что это позволительно, или скажет, что непозволительно, – во всяком случае, они думали обвинить Его в противоречии Закону Моисееву. Но Христос, Премудрость Самосущая, отвечает им так, что избегает их сетей. Он спрашивает их: что заповедал им Моисей? А когда они отвечали, что Моисей заповедал отпускать жену, Христос объяснил им самый Закон. Моисей, – говорит Он, – не был так не милостив, чтобы мог дать такой Закон, но он написал это по причине вашего жестокосердия. Зная бесчеловечие евреев, такое, что муж, не возлюбивший свою жену, легко мог бы убить ее, Моисей дозволил мужу отпускать жену нелюбимую. Но изначала не так было: Бог сочетает два лица союзом супружества так, что они составляют одно, оставляя даже своих родителей. Заметь, что Господь говорит: Бог не дозволяет многобрачие, так чтобы одну жену можно было отпускать, а другую брать, и потом опять эту оставить, а сочетаться с иною. Если бы это было Богу угодно, то Он создал бы мужа одного, а жен многих; но произошло не так, а «сотворил Бог мужчину и женщину», чтобы сочетавались – один муж с одною женою. В переносном же смысле можно разуметь это так: слово Учения, бросая добрые семена в душу верующего человека, имеет значение мужа для приемлющей его души. Оставляет же (слово учения) отца своего, то есть выспренний ум, и мать свою, то есть украшенную речь, и прилепляется к жене своей, то есть к пользе души, приспособляется к ней и предпочитает часто мысли невысокие и речь простую. И тогда они оба становятся единой плотью, то есть душа верует, что «Слово (Божие) стало плотию», и уже никакой человеческий помысл не может отлучить душу от такой веры.

Мк.10:10. В доме ученики Его опять спросили Его о том же.

Мк.10:11. Он сказал им: кто разведется с женою своею и женится на другой, тот прелюбодействует от нее;

Мк.10:12. и если жена разведется с мужем своим и выйдет за другого, прелюбодействует.

Так и ученики соблазнялись (касательно развода мужа и жены), то и они приступают к Нему и спрашивают о том же. Их образ мыслей еще не совершенно был здрав. Господь отвечал им: кто отпустит жену свою и поймет другую, тот становится прелюбодеем с этой второй женой; так же и жена, оставившая своего мужа и сочетавшаяся с другим, делается прелюбодейкой.

Мк.10:13. Приносили к Нему детей, чтобы Он прикоснулся к ним; ученики же не допускали приносящих.

Мк.10:14. Увидев *то,* Иисус вознегодовал и сказал им: пустите детей приходить ко Мне и не препятствуйте им, ибо таковых есть Царствие Божие.

Мк.10:15–16. Истинно говорю вам: кто не примет Царствия Божия, как дитя, тот не войдет в него. И, обняв их, возложил руки на них и благословил их.

Велика была вера в народе, когда он одно возложение Христом рук принял как благословение для приводимых к Нему детей, а ученики не допускали приводящих, думая, что это недостойно Его. Что же Христос? Научая учеников смиренномудрствовать и отвергать мирское надмение, Он принимает и обнимает детей. Сим Он показывает, что приемлет незлобливых; потому и говорит: «ибо таковых есть Царствие Божие». Заметь, не сказал: сих детей «есть Царствие», но «таковых», то есть стяжавших такое же незлобие, какое дети имеют по природе. Ибо дитя не завидует, не помнит зла и, будучи наказуем матерью, не бежит от нее, но хотя бы и рубище она носила, предпочитает ее царице; так и добродетельно живущий предпочитает мать свою, разумею *Церковь*, всему и не увлекается житейскими наслаждениями. За то Господь и обнимает таких, говоря: «Приидите ко Мне все труждающиеся и обремененные» (*Мф.11:28*), и благословляет их, говоря: «Приидите благословенные Отца Моего» (*Мф.25:34*). Царством же Божиим называет здесь проповедь Евангелия и обещание будущих благ. Итак, кто примет проповедь Божественную как дитя, то есть, нисколько не раздумывая и не допуская в себе неверия, тот войдет в Царство Божие и наследует те блага, которые уже приобрел верою.

Мк.10:17. Когда выходил Он в путь, подбежал некто, пал перед Ним на колени и спросил Его: Учитель благий! что мне делать, чтобы наследовать жизнь вечную?

Мк.10:18. Иисус сказал ему: что ты называешь Меня благим? Никто не благ, как только один Бог.

Мк.10:19. Знаешь заповеди: не прелюбодействуй, не убивай, не кради, не лжесвидетельствуй, не обижай, почитай отца твоего и мать (*Исх. 20, 12–17*).

Мк.10:20. Он же сказал Ему в ответ: Учитель! всё это сохранил я от юности моей.

Мк.10:21. Иисус, взглянув на него, полюбил его и сказал ему: одного тебе не достает: пойди, всё, что имеешь, продай и раздай нищим, и будешь иметь сокровище на небесах; и приходи, последуй за Мною, взяв крест.

Мк.10:22. Он же, смутившись от сего слова, отошел с печалью, потому что у него было большое имение.

Некоторые ложно представляют сего юношу как хитрого и коварного искусителя. Это не так: он был только человек любостяжательный, а не искуситель. Ибо послушай, что замечает евангелист: «Иисус, взглянув на него, полюбил его». А почему Христос отвечал ему так: «Никто не благ»? Потому что тот подошел к Христу, как к простому человеку и как одному из многих учителей. Христос как бы так говорит: «Если ты почитаешь Меня благим, как простого учителя, то в сравнении с Богом ни один человек не благ; если признаешь Меня благим, как Бога, то для чего называешь Меня только учителем»? Такими словами Христос хочет подать высшую мысль о Себе, чтобы тот познал Его как Бога. Кроме того, для исправления же юноши, Господь дает ему и другой урок: если он хочет с кем-либо беседовать, то говорить должен без лести, а корень и источник благости знать один – Бога и Ему воздавать подобающую честь. Впрочем, я удивляюсь сему юноше в том, что, когда все другие приходили к Христу за исцелением от болезней, он сам просит о наследовании жизни вечной, – если б только он не был одержим еще сильнейшей в нем страстью сребролюбия. По сей-то страсти, услышав слова Господа: «Иди, продай... и раздай нищим», он «отошел с печалью». Заметь при сем, что Господь не сказал: продай по частям, что имеешь и раздай, а продай за один раз и раздай, но только нищим, а не ласкателям и не развратникам; потом: «последуй за Мною», то есть усвой и всякую другую добродетель, ибо много таких, которые хотя и не стяжательны, но не смиренны, или и смиренны, но не трезвы, или имеют другой какой-либо порок. Поэтому и Господь не говорит только: «продай и раздай нищим», но: «и приходи, последуй за Мною, взяв крест», что значит быть готовым на смерть ради Него. «Он же, смутившись от сего слова, отошел с печалью, потому что у него было большое имение». Не напрасно присовокуплено, что он много имел: ибо и малым владеть и худо и опасно, а узы многих стяжаний и вовсе неразрешимы. Но тот, что юн по духу, легкомыслен, невнимателен мыслью, не устроен разумом, пусть так же продаст имение свое, как-то: гнев и похоть, со всем тем, что от них прозябает, и отдаст, бросит бесам, которые суть нищи, лишены всякого блага и богатства, потому что отпали от благости Божией, и потом да последует Христу, ибо тот только может последовать Христу, кто отвергнет богатство грехов, которое есть достояние бесов. «Уклонися, – сказано, – от зла»: это значит бросить греховное богатство нищим, то есть силам бесовским; «и сотвори благо»: что значит последовать Христу и взять Крест Его (*Пс. 33:15*).

Мк. 10:23. И, посмотрев вокруг, Иисус говорит ученикам Своим: как трудно имеющим богатство войти в Царствие Божие!

Мк. 10:24. Ученики ужаснулись от слов Его. Но Иисус опять говорит им в ответ: дети! как трудно надеющимся на богатство войти в Царствие Божие!

Мк. 10:25. Удобнее верблюду пройти сквозь игольные уши, нежели богатому войти в Царствие Божие.

Мк. 10:26. Они же чрезвычайно изумлялись и говорили между собою: кто же может спастись?

Мк. 10:27. Иисус, воззрев на них, говорит: человекам это невозможно, но не Богу, ибо всё возможно Богу.

Не богатство – само по себе есть зло, а берегущие его – злы и достойны осуждения, ибо должно не иметь его, то есть держать у себя, а употреблять на пользу. Оно потому и называется богатством, что назначено для полезного употребления, а не для сбережения. Поэтому берегущим и запирающим его трудно «войти в Царствие Божис». А слово «трудно» значит здесь то же, что невозможно. Богатому человеку действительно слишком трудно спастись. Это видно из того примера, который присовокупляет Господь, говоря: «Удобнее верблюду пройти сквозь игольные уши, нежели богатому войти в Царствие Божие». Под названием верблюда разумей или самое животное, или толстую вервь (канат), употребляемую на больших кораблях. Итак, человеку, пока он богат, невозможно спастись. Но от Бога это возможно. Христос сказал: «Приобретайте себе друзей богатством неправедным» (*Лк.16:9*). Видишь ли, как все становится возможно, когда слышим Слово Божие! «Человекам это невозможно», то есть невозможно тогда, когда рассуждаем по-человечески. Но почему ученики так изумлялись при этих словах? Ведь сами они никогда не были богаты? Я думаю, что они в сем случае заботились о всех людях, так как уже начинали быть человеколюбивы. Некоторые недоумевают, как Христос сказал, что «всё возможно Богу». Неужели Он может и погрешить? На это мы отвечаем, что когда Христос говорит: «всё», то разумеет все существенное, но грех не есть что-либо существенное: грех есть нечто несущественное, недеятельное, или, иначе сказать, грех есть принадлежность не силы, а немощи, как и апостол говорит: «Христос, когда еще мы были немощны... умер» (*Рим. 5, 6*), и Давид говорит: «Умножаются скорби их» (*Пс.15,4*). Значит, грех, как немощь, невозможен для Бога. Но может ли Бог, – говорят, – сделать и бывшее, как не бывшее? На это скажем: Бог есть Истина, а сделать бывшее, как бы не бывшее, есть ложь. Как же Истина сделает ложь? Для этого Ему надлежало бы сперва изменить Свое Существо. Говорить таким образом значило бы сказать, что Бог может не быть и Богом.

Мк.10:28. И начал Петр говорить Ему: вот, мы оставили всё и последовали за Тобою.

Мк.10:29. Иисус сказал в ответ: истинно говорю вам: нет никого, кто оставил бы дом, или братьев, или сестер, или отца, или мать, или жену, или детей, или зе́мли, ради Меня и Евангелия,

Мк.10:30. и не получил бы ныне, во время сие, среди гонений, во сто крат более домов, и братьев и сестер, и отцов, и матерей, и детей, и земель, а в веке грядущем жизни вечной.

Мк.10:31. Многие же будут первые последними, и последние первыми.

Хотя Петр немногое оставил ради Христа, но и это немногое называет «все». Видно, и немногое имеет узы пристрастия; а потому достоин ублажения и тот, кто оставляет немногое. Петр один спрашивал Христа, но Господь дает общий для всех ответ: всякий, кто оставит жену или мать. Говорит это не с тем, чтоб мы оставляли родителей беспомощными или разлучались с женами, но научает нас благоугождение Богу предпочитать всему плотскому. Поскольку от проповеди Евангелия имела возгореться брань между людьми, так что дети должны были отрекаться от отцов, то Господь и говорит: кто оставит ради Евангелия плотское родство и вообще все плотское, тот и в сем веке получит все это во сто крат более, и в будущем – жизнь вечную. Поэтому уже не получит ли и жен во сто раз больше? Да, – хотя проклятый Юлиан и глумился над этим. Ибо, скажи мне, какую пользу приносит жена в хозяйстве мужа? Вообще – она заботится о пище и одежде для своего мужа и в этом отношении вполне обеспечивает мужа. Посмотри же, как это было у апостолов. Сколько жен заботились о доставлении им одежды и пищи и служили им, так что сами они не имели попечения ни о чем, кроме слова и учения! Подобно тому, апостолы имели многих отцов и матерей, какими были для них все любившие их и сердечно заботившиеся о них. Петр оставил один дом свой, а впоследствии имел (как свои) все дома учеников своих. Он и ныне по всей земле имеет светлые домы – храмы во имя его. А еще важнее то, что святые наследовали все это в изгнании, то есть будучи гонимы за веру Христову, и в жестоких страданиях, но их страдания не были бесславием для них. Ибо они, казавшиеся в нынешнем веке последними, по причине претерпеваемых ими скорбей и гонений, – будут в будущем веке первыми за свое крепкое упование на Бога. Фарисеи, бывшие первыми, стали последними, а те, которые оставили все и последовали Христу, сделались первыми.

Мк.10:32. Когда были они на пути, восходя в Иерусалим, Иисус шел впереди их, а они ужасались и, следуя за Ним, были в страхе. Подозвав двенадцать, Он опять начал им говорить о том, что́ будет с Ним:

Мк.10:33. вот, мы восходим в Иерусалим, и Сын Человеческий предан будет первосвященникам и книжникам, и осудят Его на смерть, и предадут Его язычникам,

Мк.10:34. и поругаются над Ним, и будут бить Его, и оплюют Его, и убьют Его; и в третий день воскреснет.

Для чего Иисус предсказывает ученикам, что с Ним случится? Для укрепления духа их, чтобы они, предварительно услышав об этом, мужественно перенесли, когда это сбудется, и не были поражены внезапностью; а вместе с тем они должны были знать, что Он страждет по воле Своей. Ибо кто предвидел страдания, тот мог избежать их, а если не бежал, явно, что волею предает себя на страдания. Но так как открыть о Своем страдании следовало только ближайшим ученикам, то Он и предваряет всех на пути, желая отделить учеников от народа. Еще же упреждением всех и поспешностью Своей на пути Господь показывает и то, что Он поспешает к страданию и не убегает от смерти ради нашего спасения. Все, что высказывает Он в сем случае, хотя и прискорбно, но за все сие утешает тем, что «в третий день воскреснет».

Мк.10:35. Тогда подошли к Нему сыновья Зеведеевы Иаков и Иоанн и сказали: Учитель! мы желаем, чтобы Ты сделал нам, о чем попросим.

Мк.10:36. Он сказал им: что хотите, чтобы Я сделал вам?

Мк.10:37. Они сказали Ему: дай нам сесть у Тебя, одному по правую сторону, а другому по левую, в славе Твоей.

Мк.10:38. Но Иисус сказал им: не знаете, чего просите. Можете ли пить чашу, которую Я пью, и креститься крещением, которым Я крещусь?

Другой евангелист (*Мф. 20, 20*) сказывает, что мать их (Иакова и Иоанна) приступила к Иисусу. Но, вероятно, было то и другое: два сии апостола, стыдясь других, послали наперед мать свою, а потом и сами подошли особо, как это обозначает евангелист, сказав: «подошли к Нему», то есть подошли особо, отдаляясь от прочих. Чего же они просили? Восхождение Христа в Иерусалим, о котором Он беседовал с учениками, они поняли так, что Он идет воспринять чувственное царство и уже по воцарении претерпит те страдания, о которых предрекал. Думая таким образом, они и просят восседания по правую и по левую сторону Христа. Потому и Господь укоряет их, как неразумеющих, чего просят: «не знаете, – говорит, – чего просите». Вы думаете, что Мое Царство будет чувственное, и потому чувственного просите восседания; нет, это не так: это выше понятия человеческого, и сесть одесную Меня есть дело самое великое, превышающее и ангельские чины. Притом вы мечтаете о славе, а Я призываю вас на смерть. Чашею и Крещением называет Он Крест, – Чашею потому, что Крест, как чаша вина, скоро должен был привести Его ко сну смертному, – и Он готов был принять чашу страданий, как сладкое для себя питие; а Крещением – потому, что Крестом Он совершил очищение грехов наших. Но ученики, не уразумев слов Господних, дают со своей стороны обещание, думая, что Он говорит о чаше чувственной и о том крещении, какое было у иудеев, которые пред вкушением пищи омывались.

Мк.10:39–40. Они отвечали: можем. Иисус же сказал им: чашу, которую Я пью, будете пить, и крещением, которым Я крещусь, будете креститься; а дать сесть у Меня по правую сторону и по левую – не от Меня *зависит*, но кому уготовано.

Вы, – говорит, – войдете в подвиг мученичества и умрете за истину, «а дать сесть не от Меня зависит». Но здесь представляются два недоумения. Первое: уготовано ли кому это сидение? Второе: ужели всеобщий Владыка не может дать сего сидения? Отвечаем: никто не будет сидеть ни одесную, ни ошуюю. А если и слышишь, что в Писании многократно говорится о таком сидении, то разумей не сидение (в собственном смысле), но высшее достоинство. А слова: «не от Меня зависит» имеют такой смысл: Мне, праведному Судье, не свойственно дать вам такое достоинство по одной любви к вам; иначе Я не был бы правосуден; но такая почесть уготована только подвизающимся. Это подобно тому, как если бы правосудный царь посадил выше других какого-либо подвижника, а любимцы его, придя, сказали бы ему: «дай нам венцы»; тогда царь, конечно, ответил бы: «не от меня зависит», но кто будет подвизаться и победит, тому и венец уготован. – Итак, вы, сыны Зеведеевы, можете быть и будете мучениками за Меня; но если кто вместе с мученичеством будет иметь и всякую другую добродетель больше вас, тот будет иметь преимущество пред вами.

Мк.10:41. И, услышав, десять начали негодовать на Иакова и Иоанна.

Мк.10:42. Иисус же, подозвав их, сказал им: вы знаете, что почитающиеся князьями народов господствуют над ними, и вельможи их властвуют ими.

СВЯТОЙ ФЕОФИЛАКТ БОЛГАРСКИЙ, АРХИЕПИСКОП ОХРИДСКИЙ

Мк.10:43. Но между вами да не будет так: а кто хочет быть бо́льшим между вами, да будет вам слугою;

Мк.10:44. и кто хочет быть первым между вами, да будет всем рабом.

Мк.10:45. Ибо и Сын Человеческий не для того пришел, чтобы Ему служили, но чтобы послужить и отдать душу Свою для искупления многих.

Ученики, еще рассуждая по-человечески, впадали в зависть, поэтому и негодуют на двух апостолов. Впрочем, когда? Когда увидели, что прошение последних не принято Господом, но отвергнуто, тогда и негодовать стали. Пока Сам Господь оказывал предпочтение Иакову и Иоанну, прочие ученики, видя это, терпели; но когда те два ученика стали сами просить себе почести, то прочие уже не стерпели. Так еще несовершенны были они в это время! Но после увидим, как каждый из них уступал первенство другому. Теперь же Христос врачует их, сначала усмирив, и для того приблизив их к Себе, – что и означается словом «подозвав». Потом показывает, что восхищать у других честь и домогаться первенства есть дело язычества. Ибо языческие властители насильственно покоряют других своей власти; а Мои, – говорит, – ученики не так: но кто из них хочет быть велик, тот пусть служит всем, потому что и это признак великой души – от всех терпеть и всем служить. На это есть и пример вблизи: «Ибо и Сын Человеческий не для того пришел, чтобы Ему послужили, но чтобы служить и отдать душу Свою для искупления многих». А это более, нежели служение. В самом деле не только послужить, но и умереть за того, кому служишь, – что может быть выше и чуднее сего? Но такое служение и смирение Господа было высотой и славой как для Него Самого, так и для всех. Ибо прежде вочеловечения Он был ведом одним Ангелам, а соделавшись человеком и претерпев Распятие, не только имеет ту славу (небесную), но принял и другую, и над всей вселенной царствует.

Мк.10:46. Приходят в Иерихон. И когда выходил Он из Иерихона с учениками Своими и множеством народа, Вартимей, сын Тимеев, слепой сидел у дороги, прося *милостыни* .

Мк.10:47. Услышав, что это Иисус Назорей, он начал кричать и говорить: Иисус, Сын Давидов! помилуй меня.

Мк.10:48. Многие заставляли его молчать; но он еще более стал кричать: Сын Давидов! помилуй меня.

Мк.10:49. Иисус остановился и велел его позвать. Зовут слепого и говорят ему: не бойся, вставай, зовет тебя.

Мк.10:50. Он сбросил с себя верхнюю одежду, встал и пришел к Иисусу.

Мк.10:51. Отвечая ему, Иисус спросил: чего ты хочешь от Меня? Слепой сказал Ему: Учитель! чтобы мне прозреть.

Мк.10:52. Иисус сказал ему: иди, вера твоя спасла тебя. И он тотчас прозрел и пошел за Иисусом по дороге.

Матфей говорит о двух слепцах: и может быть, два были исцелены; но, вероятно, один из них более обратил на себя внимание, тот, о котором упоминает теперь Марк. Но посмотри, как народ чтит Иисуса: даже запрещает слепому кричать, как бы тут проходил какой-нибудь царь. А спрашивает Иисус слепого для того, чтобы не сказали, будто Он дает не то, чего слепой хотел. И благорассудна была душа слепого, ибо по исцелении он не оставил Иисуса, но последовал за Ним. А (иносказательно) можно разуметь это так: Иерихон означает низменное место (мир); слепой, сидящий здесь, есть образ человеческого естества, которое некогда усыновлено было Богу, превыше всякой почести земной; оно и взывало ко Христу, проходящему чрез Иерихон, то есть мир сей. А Христос помиловал его и спас по вере его, когда оно совлекло с себя ветхую одежду греха. По получении же спасения оно последовало за Ним (Христом), исполняя заповеди на своем пути, то есть в жизни сей. Ибо только в сей жизни можно последовать Христу, а после нее уже затворяются двери (спасения) и уже не будет времени к исполнению заповедей Божиих.

ГЛАВА ОДИННАДЦАТАЯ

Мк.11:1. Когда приблизились к Иерусалиму, к Виффагии и Вифании, к горе Елеонской, *Иисус* посылает двух из учеников Своих

Мк.11:2. и говорит им: пойдите в селение, которое прямо перед вами; входя в него, тотчас найдете привязанного молодого осла, на которого никто из людей не садился; отвязав его, приведите.

Мк.11:3. И если кто скажет вам: что вы это делаете? — отвечайте, что он надобен Господу; и тотчас пошлет его сюда.

Мк.11:4. Они пошли, и нашли молодого осла, привязанного у ворот на улице, и отвязали его.

Мк.11:5. И некоторые из стоявших там говорили им: что делаете? *зачем* отвязываете осленка?

Мк.11:6. Они отвечали им, ка́к повелел Иисус; и те отпустили их.

Иисус часто приходил в Иерусалим и в другое время, но никогда с такой славой, как теперь. Прежде, по причине зависти иудеев, Он скрывался, а теперь, поскольку наступило Им Самим определенное время страдания, идет открыто, дабы они, если пожелают, уразумели славу Его и чрез исполнение на Нем пророчеств познали истину. А если не пожелают уразуметь, то чтобы это обстоятельство послужило к большему осуждению их, как неуверовавших и после столь славных чудес. Ибо, смотри,

СВЯТОЙ ФЕОФИЛАКТ БОЛГАРСКИЙ, АРХИЕПИСКОП ОХРИДСКИЙ

сколько здесь знамений! Господь сказал ученикам, что обрящут молодого осла; сказал, что им будут возбранять, а потом, когда ученики скажут, что Господь его требует, позволят (взять). Ибо немаловажно и то, что апостолам дозволено было увести осленка; этого не могло бы быть, если бы на его владетелей не действовала сила Божия, возбуждающая отпустить осленка; они были люди бедные и рабочие. И надобно знать, что Господь сделал это не напрасно, ибо прежде Он не требовал осленка, а пеший многократно обходил Галилею и Иудею, но Он показывал чрез это, что возобладает языческими народами, непокорившимися и ненаученными, как ослята: они были привязаны грехами своими «на улице», то есть в жизни сей, «у ворот», то есть вне Церкви. Но ученики разрешили их посредством крещения и веры, и они подъяли на рамена свои Господа, а апостолы возложили на них ризы свои, то есть все истинные правила добродетели. Прежде язычники, будучи наги, были безобразны и делали беззаконные дела, но с того времени, как были приведены (ко Христу) апостолами, они научились ходить благопристойно, потому и Христос подъят ими. Кто же были владетели осленка, возбранявшие взять его апостолам? Без сомнения, бесы. Однако апостолы были сильнее их.

Мк.11:7. И привели осленка к Иисусу, и возложили на него одежды свои; *Иисус* сел на него.

Мк.11:8. Многие же постилали одежды свои по дороге; а другие резали ветви с дерев и постилали по дороге.

Мк.11:9. И предшествовавшие и сопровождавшие восклицали: осанна! благословен Грядущий во имя Господне!

Мк.11:10. благословенно грядущее во имя Господа царство отца нашего Давида! осанна в вышних!

Пока простой народ бывает неиспорчен, он познает полезное. Вот почему теперь они воздают почести Иисусу, каждый по силе своей. Но что говорили они, прославляя Его? Настоящую песнь они заимствовали у Давида. Слово же «осанна», по мнению одних, значит «спасение», а по мнению других, – «песнь». Но первое мнение лучше, ибо во сто семнадцатом псалме сказано: «О, Господи, спаси же», а по-еврейски написано «осанна». «Царством Давида» они называли Царство Христово, во-первых, потому, что Христос происходил от семени Давидова, во-вторых, потому, что Давид – значит сильный рукой. А кто другой так силен рукой как Господь, руки Которого совершили столь дивные дела? Но постелем и мы одежды свои, то есть плоть свою, ибо плоть есть одежда души, покорим ее Господу. Устелем путь нашей жизни, срезая с дерев ветви, то есть подражая житию святых. Ибо святые суть как бы древа, с которых срезает ветви подражающий добродетели их. Но дела наши, и предшествующие, и последующие, да будут во славу Божию. Ибо иные в предшествующей жизни показали доброе начало; и напротив, последующая жизнь их не такова была и служила не к славе Божией.

Мк.11:11. И вошел Иисус в Иерусалим и в храм; и, осмотрев всё, как время уже было позднее, вышел в Вифанию с двенадцатью.

Мк.11:12. На другой день, когда они вышли из Вифании, Он взалкал;

Мк.11:13. и, увидев издалека смоковницу, покрытую листьями, пошел, не найдет ли чего на ней; но, придя к ней, ничего не нашел, кроме листьев, ибо еще не время было *собирания* смокв.

Мк.11:14. И сказал ей Иисус: отныне да не вкушает никто от тебя плода вовек! И слышали то́ ученики Его.

Иисус вошел в храм и скоро опять вышел из него, показывая чрез это, что Он уже оставляет его на запустение и расхищение. Он уходит в Вифанию, что значит дом послушания, ибо, оставляя непокорных и жестокосердных, идет теперь с учениками к послушным Ему. Но рассмотрим и повествование о смоковнице, ибо здесь является, по-видимому, нечто странное и жестокое. Во-первых, Иисус взалкал рано; во-вторых, Он требует плода, когда еще не наступило время для смокв, а еще и то, что наказывает бесчувственное дерево. Ибо в том, что Он здесь говорит и делает, было особенное смотрение. Доселе часто Иисус творил чудеса, но только на благодеяние людям. Но ученики еще не видели, чтобы Он сделал кому-либо зло. Теперь, дабы показать ученикам, что Он может и казнить, и что, если захочет, может в один час погубить намеревающихся распять Его, Он являет Свою силу над бесчувственным деревом. И чудо было поистине велико тем, что дерево, столь сочное, иссохло вдруг; ибо смоковница сочнее почти всех дерев. А что Он алчет рано утром, это Он попустил плоти Своей по особенному смотрению; и плода преждевременно ищет на смоковнице с той целью, чтобы, как я выше сказал, показать ученикам, что Он может и наказывать. А смоковница эта была вместе и образом синагоги иудейской, которая имела только листья, то есть Закон, доставлявший одну тень, а плода они вовсе не имели. Но Иисус взалкал их спасения. Он говорит: «Моя пища есть творить волю Пославшего Меня» (*Ин.4:34*), а эта воля Божия состоит в том, чтобы обращать согрешающих. Поскольку же синагога не имела плода, то она проклята и иссохла, не имея (более у себя) ни пророков, ни учителей.

Мк.11:15. Пришли в Иерусалим. Иисус, войдя в храм, начал выгонять продающих и покупающих в храме; и столы меновщиков и скамьи продающих голубей опрокинул;

Мк.11:16. и не позволял, чтобы кто пронес через храм какую-либо вещь.

Мк.11:17. И учил их, говоря: не написано ли: «дом Мой домом молитвы наречется для всех народов» (*Ис. 56, 7*)? а вы сделали его вертепом разбойников.

Мк.11:18. Услышали *это* книжники и первосвященники, и искали, как бы погубить Его, ибо боялись Его, потому что весь народ удивлялся учению Его.

Об изгнании Иисусом меновщиков повествует и Иоанн, но он говорит об этом в начале Евангелия, напротив, сей (Марк) – к концу. Поэтому надобно думать, что это (последнее) изгнание было второе, что и служит к большему осуждению иудеев, так как они не обратились, несмотря на то, что Господь неоднократно так поступал с ними. Храм называет Он «вертепом разбойников» по причине корыстолюбия меновщиков. Ибо разбойнический род предан грабительству. А как и продавцы в храме торговали жертвенными животными ради корысти, то и названы разбойниками. «Меновщики» занимались разменом денег. Обличителем их Господь представляет и пророка Исаию, который говорит: «Дом Мой домом молитвы наречется» (*Ис. 56, 7*). Будем же молиться, чтобы и нам не быть изгнанным из церкви! Ибо многие ходят и в нашу *церковь* для того, чтобы продавать доброе и покупать худое. Есть и такие, которые, устрояя и правя дела церковные, имеют столы полные денег: они все делают из корысти. Испровергаются также и седалища продающих голубей, то есть престолы архиереев, продающих духовные дары, ибо голубь есть образ Духа Святаго. Да извергнет Господь такого святителя от святительства, ибо проклят тот, кто рукополагает за деньги. Равным образом продает голубя своего и тот, кто продает диаволу благодать и чистоту, полученную в крещении. За то он и изгоняется вон из Церкви.

Мк.11:19. Когда же стало поздно, Он вышел вон из города.

Мк.11:20. Поутру, проходя мимо, увидели, что смоковница засохла до корня.

Мк.11:21. И, вспомнив, Петр говорит Ему: Раввѝ! посмотри, смоковница, которую Ты проклял, засохла.

Мк.11:22. Иисус, отвечая, говорит им:

Мк.11:23. имейте веру Божию, ибо истинно говорю вам, если кто скажет горе сей: поднимись и ввергнись в море, и не усомнится в сердце своем, но поверит, что сбудется по словам его, – будет ему, что ни скажет.

Хотя Матфей и говорит, что смоковница тотчас иссохла и что ученики, видя это, дивились, впрочем, ты не смущайся, слыша теперь от Марка, что они увидели иссохшую смоковницу уже на другой день. Сказанное Матфеем должно понимать так: «И смоковница тотчас засохла», – тут остановись; потом читай: «Увидев это, ученики удивились». Когда увидели? – не тотчас, но на другой день. Кто так понимает, тот не встретит никакого недоумения. Заметь же, как Христос здесь является Богом. Ибо чрез пророков Господь говорит: «Я... зеленеющее дерево иссушаю, а сухое дерево делаю цветущим» (*Иез. 17, 24*). Но подивись человеколюбию Божию в том, что и нам, уподобляющимся Богу чрез веру, дает чудодейственную силу, принадлежащую Ему Самому по естеству, так что мы можем и горы переставлять. Гора есть в духовном смысле гордый ум, высящийся и упорный. Поэтому, кто видит себя одолеваемым страстью гордости, тот, стараясь изгнать ее из себя, искать должен посещения и помощи Божией. Ибо тот горд, кто говорит, что все делает он сам, а не помощью Божией. Такой человек должен запретить горе сей, то есть гордости, и сказать ей: «поднимись и ввергнись в море», то есть в мирских людей, сущих в море жизни сей, и неверных, сам же он да «не усомнится», то есть да не отступает от Бога. Ибо гордый отступает от Бога, говоря: я ничем не обязан Богу и не нуждаюсь в Его помощи.

Мк.11:24. Потому говорю вам: всё, чего ни будете просить в молитве, верьте, что получите, – и будет вам.

Мк.11:25. И когда стоите на молитве, прощайте, если что́ имеете на кого, дабы и Отец ваш Небесный простил вам согрешения ваши.

Мк.11:26. Если же не прощаете, то и Отец ваш Небесный не простит вам согрешений ваших.

Кто крепко верует, тот устремляет сердце свое к Богу и, скажу словами Давида, изливает душу свою пред Богом, а кто обратит душу свою к Богу, тот соединяется с Ним, и его сердце, будучи согреваемо (благодатью), удостоверяется, что получит просимое. Кто испытал это, тот разумеет. А я думаю, что испытали это все, кои хотя сколько-нибудь внимательны. Поэтому и говорит Господь, что все получите, что с верой просите. Верующему все дает Бог, когда тот со слезами высказывает пред Ним все желания в молитве и как бы за ноги Владычни держится. А хочешь ли и другим способом получить просимое? Прости брату своему, если он согрешил в чем-либо против тебя. Видишь, как легко получить дар Божий!

Мк.11:27. Пришли опять в Иерусалим. И когда Он ходил в храме, подошли к Нему первосвященники и книжники, и старейшины

Мк.11:28. и говорили Ему: какою властью Ты это делаешь? и кто Тебе дал власть делать это?

Мк.11:29. Иисус сказал им в ответ: спрошу и Я вас об одном, отвечайте Мне; *тогда* и Я скажу вам, какою властью это делаю.

Мк.11:30. Крещение Иоанново с небес было, или от человеков? отвечайте Мне.

Мк.11:31. Они рассуждали между собою: если скажем: с небес, – то Он скажет; почему же вы не поверили ему?

Мк.11:32. а сказать: от человеков – боялись народа, потому что все полагали, что Иоанн точно был пророк.

Мк.11:33. И сказали в ответ Иисусу: не знаем. Тогда Иисус сказал им в ответ: и Я не скажу вам, какою властью это делаю.

В ярости за то, что Христос изгнал из храма меновщиков, они приходят к Нему с вопросом: «какою властью Ты это делаешь?» Они как бы так говорили Ему с поношением: «Кто Ты такой, что это делаешь? Разве Ты поставлен учителем? Разве в архиерея рукоположен?» Говорили же это, стараясь привести Его в затруднение, чтоб уловить Его. Если бы Он сказал: «Я творю это Моею властью», то они побили бы Его камнями как богопротивника, а если бы сказал: «(Творю это) властью Божией», в таком случае они могли бы отвлечь от Него народ, так как Он признавал Себя за Бога. Но Господь предлагает им вопрос об Иоанне, не без причины и не с какой-либо хитростью. Но поскольку Иоанн свидетельствовал о Нем, то Он и спрашивает злодейственных иудеев об Иоанне, дабы они, если признают Иоанна за посланника Божия, принуждены были принять свидетельство Иоанна и о Христе. А как они не могли ничего ответить, то Он, чтобы еще более уничижить их, говорит: «и Я не скажу вам». Не сказал: «Я не знаю, что отвечать вам», но «и Я не скажу», то есть поскольку вы злобствуете, то Я не удостаиваю вас ответа.

ГЛАВА ДВЕНАДЦАТАЯ

Мк.12:1. И начал говорить им притчами: некоторый человек насадил виноградник и обнес оградою, и выкопал точило, и построил башню, и, отдав его виноградарям, отлучился.

Мк.12:2. И послал в свое время к виноградарям слугу – принять от виноградарей плодов из виноградника.

Мк.12:3. Они же, схватив его, били, и отослали ни с чем.

Мк.12:4. Опять послал к ним другого слугу; и тому камнями разбили голову и отпустили его с бесчестьем.

Мк.12:5. И опять иного послал: и того убили, и многих других то били, то убивали.

Мк.12:6. Имея же еще одного сына, любезного ему, напоследок послал и его к ним, говоря: постыдятся сына моего.

Мк.12:7. Но виноградари сказали друг другу: это наследник; пойдем, убьем его, и наследство будет наше.

Мк.12:8. И, схватив его, убили и выбросили вон из виноградника.

Мк.12:9. Что же сделает хозяин виноградника? – Придет и предаст смерти виноградарей, и отдаст виноградник другим.

Виноградник означает иудейский народ, который насадил Господь: «Охрани, – сказано, – то, что насадила десница Твоя» (*Пс. 79,16*) и Моисей говорит: «Введи его и насади его на горе достояния Твоего» (*Исх. 15, 17*). Под «оградою» разумеется Закон, не допускавший иудеев смешиваться с другими народами. «Башня» есть храм, который был великолепен. «Точилом»[1] означается жертвенник, на котором проливалась (жертвенная) кровь. Бог отдал народ Свой «виноградарям», то есть учителям и правителям иудейским, всем в свое время. Он послал сперва одного раба, то есть, как можно думать, пророков, бывших около времени Илии, например Михея, которого бил лжепророк Седекия (*3Цар. 22, 24*); послал другого, которому камнями пробили голову и таким образом нанесли полное поругание, – можно относить это ко временам Осии и Исаии; послал и третьего раба, что можно разуметь о пророках времен плена иудейского, например, о Данииле и Иезекииле. Наконец, Бог послал Сына Своего (который назван человеком ради человеколюбия), говоря: «постыдятся Сына Моего». Сказал же это, зная, что они сделают с Сыном Его, но, выражая то, чему (по намерению Его) надлежало быть и что было возможно. Но злые делатели, зная, что это Наследник виноградника, вывели Его вон из виноградника, то есть из Иерусалима, и умертвили. Христос действительно распят был вне города. За то Господин виноградника, Отец убиенного Сына, или, лучше, Сам убиенный Сын погубит делателей, предав их римлянам, а виноградник Свой отдаст другим делателям, то есть апостолам. Хочешь ли знать, как апостолы возделали этот виноградник? Прочитай книгу Деяний Апостольских, и ты увидишь, как три тысячи (*Деян. 2, 41*) и пять тысяч душ вдруг (*Деян. 4, 4*) уверовали и стали приносить Богу плод.

....

[1] В прямом смысле *точило* – резервуар, высекавшийся обычно в скале, в котором топтанием ногами из винограда выжимался сок.

Мк.12:10. Неужели вы не читали сего в Писании: «камень, который отвергли строители», тот самый «сделался главою угла;

Мк.12:11. это от Господа, и есть дивно в очах наших» (*Пс. 117, 22–23*) .

Мк.12:12. И старались схватить Его, но побоялись народа, ибо поняли, что о них сказал притчу; и, оставив Его, отошли.

Чрез все это Господь показывает, что иудеи отвержены, а язычники приняты. «Камень» есть Сам Господь, а «строители» суть учители народа. Таким образом, Кого пренебрегли эти учители, Тот и «сделался главою угла», соделавшись Главою Церкви; ибо угол означает *Церковь*, которая совокупляет и соединяет всех – иудеев и язычников, подобно как и угол соединяет две стены, сводя их в себе вместе. Этот угол, то есть *Церковь*, «от Господа и дивен в очах наших», верных, тогда как для неверных и самые чудеса кажутся ложью. Итак, *Церковь* дивна, потому что она основана на чудесах «при Господнем содействии» апостолам «и подкреплении слова последующими знамениями» (*Мк.16,20*).

Мк.12:13. «И посылают к Нему некоторых из фарисеев и иродиан, чтобы уловить Его в слове.

Мк.12:14. Они же, придя, говорят Ему: Учитель! мы знаем, что Ты справедлив и не заботишься об угождении кому-либо, ибо не смотришь ни на какое лице, но истинно пути Божию учишь. Позволительно ли давать пóдать кесарю или нет? давать ли нам или не давать?

Мк.12:15. Но Он, зная их лицемерие, сказал им: что искушаете Меня? принесите Мне динарий, чтобы Мне видеть его.

Мк.12:16. Они принесли. Тогда говорит им: чье это изображение и надпись? Они сказали Ему: кесаревы.

Мк.12:17. Иисус сказал им в ответ: отдавайте кесарево кесарю, а Божие Богу. И дивились Ему.

Об иродианах сказали мы в другом месте, что это была какая-то новоявившаяся секта людей, называвших Ирода Христом по той причине, что в его время кончилось преемство царей иудейских. А другие говорят, что иродианами называются здесь воины Иродовы, которых фарисеи взяли с тем, чтоб они были свидетелями того, что скажет Христос, а потом могли взять Его и отвести к суду. Но посмотри на злонравие их, с каким ласкательством они покушаются обольстить Господа! Знаем, – говорят, – что Ты не смотришь на лица человеков, а потому не убоишься и самого кесаря. Все же это было только лукавством, чтобы во всяком случае уловить Его. Ибо, если бы Он сказал, что должно кесарю платить подать, они обвинили бы Его пред народом в том, что Он порабощает народ чужому игу; а если бы сказал, что не должно, в таком случае они могли обвинить Его в возмущении народа против кесаря. Но Источник премудрости избегает их козней. Покажите Мне, – говорит, – монету, и, видя на ней изображение кесаря, сказал: что имеет на себе такое изображение, то отдавайте (лицу) изображаемому, то есть кесарю, а «Божие Богу». То есть обязанность платить дань кесарю нисколько не препятствует вам в деле богопочитания, ибо можете и кесарю отдавать, что следует, и Богу воздавать должное. Но у каждого из нас есть своего рода кесарь: это неизбежная потребность телесная. Итак, Господь заповедует давать и телу свойственную ему пищу и потребную одежду, и «Божие Богу», то есть посильное бдение, молитву и прочее. Но и диаволу, и этому кесарю, брось данное тебе от него, как то: гнев, злую похоть; а Богу приноси Божие – смирение, воздержание во всем и прочее.

Мк.12:18. Потом пришли к Нему саддукеи, которые говорят, что нет воскресения, и спросили Его, говоря:

Мк.12:19. Учитель! Моисей написал нам: если у кого умрет брат и оставит жену, а детей не оставит, то брат его пусть возьмет жену его и восстановит семя брату своему (*Втор. 25, 5*) .

Мк.12:20. Было семь братьев: первый взял жену и, умирая, не оставил детей.

Мк.12:21. Взял ее второй и умер, и он не оставил детей; также и третий.

Мк.12:22. Брали ее *за себя* семеро и не оставили детей. После всех умерла и жена.

Мк.12:23. Итак, в воскресении, когда воскреснут, которого из них будет она женою? Ибо семеро имели ее женою?

Мк.12:24. Иисус сказал им в ответ: этим ли приводитесь вы в заблуждение, не зная Писаний, ни силы Божией?

Мк.12:25. Ибо, когда из мертвых воскреснут, *тогда* не будут ни жениться, ни замуж выходить, но будут, как Ангелы на небесах.

Мк.12:26. А о мертвых, что они воскреснут, разве не читали вы в книге Моисея, как Бог при купине сказал ему (*Исх. 3, 6*) : «Я Бог Авраама и Бог Исаака, и Бог Иакова»?

Мк.12:27. *Бог* не есть Бог мертвых, но Бог живых. Итак, вы весьма заблуждаетесь.

Саддукеи были между иудеями такие еретики, которые говорили, что нет ни Воскресения, ни Ангела, ни Духа. Как люди коварные, они выдумывают такую повесть с тем, чтобы ей ниспровергнуть истину Воскресения. Они дают вопрос о том, чего никогда не бывало, да и быть не может. А что семь мужей брали (один после другого) одну и ту же жену, это они выдумали для большего посмеяния над Воскресением. Что же Господь? Поскольку они в основание своего вопроса представляли Закон Моисеев, то Он обличает их в незнании Писаний. Вы, – говорит, – не разумеете, о каком Воскресении говорится в Писании: вы думаете, что в Воскресении будет таково же состояние (людей по плоти и по душе) как ныне; нет, не так: вы не понимаете смысла Писания, да и силы Божией не постигаете. Вы, видно, обращаете внимание только на трудность дела и потому недоумеваете, как могут разрушившиеся тела снова соединиться с душами, но для силы Божией это ничего не значит. По Воскресении же состояние воскресших будет не чувственное, но богоподобное, и образ жизни Ангельский. Ибо мы уже не будем подлежать тлению, но будем жить вечно, а по этой причине тогда и брак уничтожится. Ныне брак существует по причине смертности, чтобы, поддерживаясь преемством рода, мы не изгибли. Но тогда, подобно Ангелам, люди будут существовать без посредства брака, никогда не умалятся в числе и пребудут всегда без убыли. Еще в другом отношении саддукеи оказываются неведующими Писания. Если бы они разумели его, то поняли бы, почему сказано: «Я есмь Бог Авраама, Исаака и Иакова», – что указывает на живых. Ибо Господь не сказал: «Я был», но – «есмь» Бог их, как бы присущих, а не погибших. Но, может быть, скажет кто-нибудь, что Господь сказал это только о душе праотцов, а не вместе о теле, и что отсюда нельзя заключать о Воскресении тел. На это я скажу, что Авраамом называется не одна душа, но совокупно душа и тело, так как Бог есть Бог и тела, и оно пред Богом живо, а не обратилось в небытие. Далее, поскольку саддукеи не веровали только воскресению тел, то и Господь сказал о телах, что они живы у Бога, а не о душах; последнее признавали и саддукеи. Затем обрати внимание и на то: воскресение есть восстание падшего (в землю, в прах); но пала не душа (она бессмертна), а тело; следовательно, оно и восстанет, снова соединясь с единосоюзной душой.

Мк.12:28. Один из книжников, слыша их прения и видя, что *Иисус* хорошо им отвечал, подошел и спросил Его; какая первая из всех заповедей?

Мк.12:29. Иисус отвечал ему: первая из всех заповедей: «слушай, Израиль! Господь Бог наш есть Господь единый;

Мк.12:30. и возлюби Господа Бога твоего всем сердцем твоим, и всею душею твоею, и всем разумением твоим, и всею крепостию твоею» (*Втор.6,4–5*), – вот, первая заповедь!

Мк.12:31. Вторая подобная ей: возлюби ближнего твоего, как самого себя» (*Лев. 19, 18*) . Иной большей сих заповеди нет.

Мк.12:32. Книжник сказал Ему: хорошо, Учитель! истину сказал Ты, что один есть Бог и нет иного, кроме Его;

Мк.12:33. и любить Его всем сердцем и всем умом, и всею душею, и всею крепостью, и любить ближнего, как самого себя, есть больше всех всесожжений и жертв.

Мк.12:34. Иисус, видя, что он разумно отвечал, сказал ему: недалеко ты от Царствия Божия. После того никто уже не смел спрашивать Его.

Матфей говорит, что книжник подошел (ко Христу) «искушая» (*Мф.22:35*), а Марк замечает о нем, что он «разумно отвечал». Не противоречат ли евангелисты друг другу? Нет; сначала, вероятно, он спрашивал как человек искушающий, а потом вразумился ответом Христовым и отвечал разумно, и таким образом был похвален. Впрочем, заметь, что и похвала свидетельствует о нем, как еще о несовершенном, ибо Христос не сказал: ты находишься в самом Царствии Божием, а – только «недалеко». Для чего же законник так смело предлагает

Христу свой вопрос? Он думал показать себя Христу совершенным в Законе и для того обращает к Нему такую речь, как будто бы касался только Закона. Но Господь, желая показать, что без любви, при ненависти к ближним, нет исполнения закона, отвечает на вопрос законника, что первая и большая заповедь есть – любить Бога, а вторая, подобная – любить ближнего. Почему же подобна? Потому, что они обе тесно связаны между собой. Ибо любящий Бога любит и создание Его, а ближайшее к Богу из созданий есть человек; следовательно, любящий Бога возлюбит и всех человеков. И наоборот, кто любит ближнего, тот тем более любит Бога; ибо если он любит людей, которые часто бывают виной соблазнов и ненависти, тем более любит Бога, всегда благодеющего. Услышь и Господне слово: «Кто имеет заповеди Мои и соблюдает их, тот любит Меня» (*Ин.14,21*). Видишь, что от любви к Богу зависит исполнение заповедей Его, а все заповеди Его сходятся к одному предмету – взаимной любви. И в другом месте (Господь говорит): «По тому узнают все, что вы Мои ученики, если будете иметь любовь между собою» (*Ин.13,35*). Видишь ли опять, как любовью друг к другу держится и любовь ко Христу и познаются Его истинные ученики и други! Обрати внимание и на то, как Он в ответе законнику исчислил все силы души. В душе есть сила животная; на нее указывает словами: «всей душею», ибо Христос повелевает, чтоб сила раздражения и вожделения совершенно были подчинены любви к Богу. Есть и другая сила души, называемая растительной, а иначе она называется силой питания и возрастания. И эту силу должно предать вполне Богу. Есть, наконец, в душе и сила разумная, которую Закон назвал «мыслию». Итак, все силы души должны быть устремлены к любви.

Мк.12:35. Продолжая учить в храме, Иисус говорил: как говорят книжники, что Христос есть Сын Давидов?

Мк.12:36. Ибо сам Давид сказал Духом Святым: «сказал Господь Господу моему: седи одесную Меня, доколе положу врагов Твоих в подножие ног Твоих» (*Пс. 109, 1*) .

Мк.12:37. Итак, сам Давид называет Его Господом: как же Он Сын ему? И множество народа слушало Его с услаждением.

Мк.12:38. И говорил им в учении Своем: остерегайтесь книжников, любящих ходить в длинных одеждах и *принимать* приветствия в народных собраниях,

Мк.12:39. сидеть впереди в синагогах и возлежать на первом *месте* на пиршествах, –

Мк.12:40. сии, поядающие домы вдов и напоказ долго молящиеся, примут тягчайшее осуждение.

Поскольку Господу надлежало идти на страдание, то Он исправляет ложное мнение книжников, которые думали, что Христос есть (только) Сын Давидов, а не Божий. Поэтому Он из самых слов Давида показывает, что Он (Христос) – Бог; и не просто, но, устрашая, говорит: «доколе положу врагов Твоих в подножие ног Твоих». А они-то (книжники и фарисеи) и были те враги, которых Бог Отец положил в подножие ног Христовых. Заметь и то, как Он вопрошает! Чтоб не смутить их, Он не сказал: что вы думаете о Мне, а – о Христе. Но вы не можете сказать, что Давид изрек это не по внушению Духа Святаго; нет, он Духом назвал Его (Христа) Господом, то есть будучи движим благодатью Святаго Духа. Как же думать, что Христос есть только Сын Давида, а не вместе и Господь его и Бог? Простой народ, сказано, слушал «Его с услаждением», и Он стал говорить народу: остерегайтесь книжников, которые носят великолепные одежды, и из-за них требуют себе почестей; которые любят принимать приветствия и похвалы на торжищах и все другие знаки славы; которые поядают домы вдовиц, вкрадываясь к сим беззащитным женам под видом заступников их;

которые, лицемерной продолжительной молитвой, наружным благочестием и лицемерием обольщая неопытных, поядают домы бедных. За то они подвергнутся еще тягчайшему осуждению, нежели прочие согрешающие иудеи: «сильные сильно будут истязаны» (*Прем. 6, 6*). Говоря таким образом народу, Господь поучает вместе и апостолов, чтобы они не поступали по примеру книжников, но подражали Ему Самому. Так как Он поставлял их учителями Церкви, то по справедливости излагает им и правила жизни.

Мк.12:41. И сел Иисус против сокровищницы и смотрел, как народ кладет деньги в сокровищницу. Многие богатые клали много.

Мк.12:42. Придя же, одна бедная вдова положила две лепты, что составляет кодрант.

Мк.12:43. Подозвав учеников Своих, Иисус сказал им: истинно говорю вам, что эта бедная вдова положила больше всех, клавших в сокровищницу,

Мк.12:44. ибо все клали от избытка своего, а она от скудости своей положила всё, что имела, всё пропитание свое.

У иудеев сохранялся особенный обычай, тот, что имеющие и желающие делали вклады в церковную сокровищницу, которая называлась «газофилакион», из которой получали содержание священники, бедные и вдовицы. Между тем как многие делали это, подошла и вдовица и показала свое усердие лучше богатых. Слава Тебе, Христе, что Ты и малое приемлешь лучше великого! О, если бы и моя душа соделалась вдовицей, отвергшись сатаны, с которым сочеталась неподобными делами, и решилась бы повергнуть в церковную сокровищницу «две лепты» – плоть и ум, утончив их, плоть воздержанием, а ум смирением, дабы и я услышал, что всю жизнь мою посвятил Богу, не имея в себе нисколько ни помыслов мирских, ни побуждений плотских!

ГЛАВА ТРИНАДЦАТАЯ

Мк.13:1. И когда выходил Он из храма, говорит Ему один из учеников Его: Учитель! посмотри, какие камни и какие здания!

Мк.13:2. Иисус сказал ему в ответ: видишь сии великие здания? все это будет разрушено, так что не останется здесь камня на камне.

Мк.13:3. И когда Он сидел на горе Елеонской против храма, спрашивали Его наедине Петр, и Иаков, и Иоанн, и Андрей:

Мк.13:4. скажи нам, когда это будет, и какой признак, когда всё сие должно совершиться?

Поскольку Господь много говорил о запустении Иерусалима, например: «оставляется вам дом ваш пуст» (*Мф.23:38*), то ученики дивились, что столь величественные и прекрасные здания должны погибнуть, и потому показывали Ему столь поразительное благолепие храма. Но Он предрекает, что, тем не менее, из всего этого не останется даже камня на камне. Против этого некоторые говорят, что много уцелело остатков от древнего города Иерусалима, и таким образом пытаются представить Христа лживым. Но это напрасно, ибо если и сохранились некоторые остатки (что впрочем, несправедливо), то до всеобщей кончины не останется камня на камне. Впрочем, история свидетельствует, что Элий Адриан раскопал самые основания города и храма, так что чрез него исполнилось пророчество и о том, что не останется камня на камне. Когда же Господь сидел на горе Елеонской, к Нему подошли ученики, спрашивая: «когда это будет»? то есть, когда исполнится предреченное о Иерусалиме? А Он, прежде ответа на их вопрос, утверждает их ум, чтобы не соблазнились. Ибо при начале бедствий в Иудее явились люди, называвшие сами себя учителями; поэтому и говорит Господь: «берегитесь, чтобы кто не прельстил вас».

Мк.13:5. Отвечая им, Иисус начал говорить: берегитесь, чтобы кто не прельстил вас,

Мк.13:6. ибо многие придут под именем Моим и будут говорить, что это Я; и многих прельстят.

Мк.13:7. Когда же услышите о войнах и о военных слухах, не ужасайтесь: ибо надлежит *сему* быть, – но *это* еще не конец.

Мк.13:8. Ибо восстанет народ на народ, и царство на царство; и будут землетрясения по местам, и будут глады и смятения. Это – начало болезней.

Мк.13:9. Но вы смотри́те за собою, ибо вас будут предавать в судилища и бить в синагогах, и перед правителями и царями поставят вас за Меня, для свидетельства пред ними.

Мк.13:10. И во всех народах прежде должно быть проповедано Евангелие.

«Многие придут», таковы, например, были Иуда (Галилеянин) и Февда, кои выдавали себя за помазанников Божиих.

«Услышите, – говорит, – о войнах»; это те войны, о которых и Иосиф Флавий повествует и которые были перед разрушением Иерусалима. Иудеи в то время возмутились и перестали платить дань римлянам, а разгневанные римляне пошли на них войной и делали постоянные нападения.

«Но это еще не конец» Иерусалима, ибо римляне еще оказывали человеколюбие. И не одни войны были, но и другие Богом посланные казни, – голод и землетрясения, которые ясно показывали иудеям, что Сам Бог ведет с ними брань. Все же это было только «начало болезней», то есть предстоявших им бедствий. А вы, – говорит, – берегитесь, ибо вас будут предавать в судилища. Благовременно вводит речь о них, что их будут предавать в судилища, это для того, чтоб от общих бедствий они получали некоторое утешение в своих собственных бедах. Но когда Господь сказал: «пред правителями и царями поставят вас за Меня», то и этими словами Он преподал немалое утешение ученикам, именно в том, что они будут страдать ради Его. «Для свидетельства пред ними», то есть, чтоб быть им безответными и видеть свое осуждение уже в том самом, что, истязуя вас, они не могут преодолеть истины. А чтоб ученики не подумали, будто беды и скорби воспрепятствуют проповеди Евангелия, Господь говорит, что «во всех народах прежде должно быть проповедано Евангелие», а потом уже предан будет запустению Иерусалим, А что действительно Евангелие проповедано было всюду еще до разрушения Иерусалима, послушай Павла: «по всей земле, – говорит он, – прошел голос их и до пределов вселенной слова их» (*Рим. 10,18*). И это обстоятельство послужило к большему осуждению иудеев, то есть, что проповедь распространилась всюду еще прежде разрушения Иерусалима. Ибо, видя, что проповедь сия в краткое время распространилась по всему миру, они должны были признать в этом силу Божию, покаяться и таким образом избавиться от бедствий. Но они не вразумились; потому и осуждению тем большему подвергнутся.

Мк.13:11. Когда же поведут предавать вас, не заботьтесь наперед, что́ вам говорить, и не обдумывайте; но что́ дано будет вам в тот час, то́ и говорите, ибо не вы будете говорить, но Дух Святый.

Мк.13:12. Предаст же брат брата на смерть, и отец – детей; и восстанут дети на родителей и умертвят их.

Мк.13:13. И будете ненавидимы всеми за имя Мое; претерпевший же до конца спасется.

Действительно, прежде, нежели наступила решительная брань римлян с иудеями, чего не потерпели от них апостолы, будучи преданы на судилища и ведены к царям: Ироду, Агриппе и Нерону? Но вы, – говорит, – «не заботьтесь наперед, что вам» отвечать: в тот самый час Дух Святый даст вам, что должны вы будете говорить. При этом предсказывает им и то, что всего хуже, именно, что они будут преследуемы и от своих домашних. Говорит же это для того, чтоб они, слыша о сем предварительно, приготовлялись к напастям и впоследствии могли легко переносить их. Далее следует утешение: ради Меня, – говорит, – будете ненавидимы. Это самое великое облегчение в несчастье. Великое также утешение заключается и в том, что претерпевший до конца спасен будет.

Мк.13:14. Когда же увидите мерзость запустения, реченную пророком Даниилом (*Дан.9:27*), стоящую, где не должно, – читающий да разумеет, – тогда находящиеся в Иудее да бегут в горы;

Мк.13:15. а кто на кровле, тот не сходи в дом и не входи взять что-нибудь из дома своего;

Мк.13:16. и кто на поле, не обращайся назад взять одежду свою.

Мк.13:17. Горе беременным и питающим сосцами в те дни.

Под «мерзостью запустения» разумеется статуя того, кто подверг город Иерусалим запустению. Ибо «мерзостью» называется всякий идол; «мерзостью запустения» назван он потому, что его поставили внутри недоступного святилища храма, когда Иерусалим был взят и чрез это подвергся запустению. Впрочем, еще Пилат внес ночью в храм изображение кесаря, и чрез то был виной великого мятежа в народе. С этого времени начались и войны, и запустение Иерусалима.

«Тогда находящиеся в Иудее да бегут в горы». Хорошо сказал: «находящиеся в Иудее» (все вообще, а не апостолы), ибо апостолов не было тогда в Иудее, но, как сказано, они еще прежде войны были изгнаны из Иерусалима или, лучше, сами ушли из него, будучи движимы Духом Святым. Итак, да бегут оставшиеся в Иудее. А кто будет на кровле, пусть ни за чем не возвращается в дом свой: рад должен быть и тому, если спасется хотя нагой. Но горе будет тогда женам, имеющим детей, и беременным. Почему? Потому что первые, имея детей и будучи удерживаемы любовью к ним, не могут убежать; да и во чреве имеющим неудобно будет бежать по причине бремени чревоношения. Но я думаю, что здесь указуется и на детоядение, ибо осаждаемые иудеи во время голода поднимали руки даже на детей своих.

Мк.13:18. Моли́тесь, чтобы не случилось бегство ваше зимою.

Мк.13:19. Ибо в те дни будет такая скорбь, какой не было от начала творения, которое сотворил Бог, даже доныне, и не будет.

Мк.13:20. И если бы Господь не сократил тех дней, то не спаслась бы никакая плоть; но ради избранных, которых Он избрал, сократил те дни.

Если бы бегство случилось зимой, то трудность времени препятствовала бы желающим бежать. И вообще скорбь будет тягчайшая из всех когда-либо бывших и имеющих быть.

«И если бы Господь не сократил тех дней», то есть, если бы скоро не окончил войны римлян, «то не спаслась бы никакая плоть», не осталось бы ни одного иудея. Но «ради избранных», то есть уверовавших из евреев и имеющих уверовать впоследствии, война кончилась скоро. Ибо Бог, предвидя, что по пленении многие из евреев уверуют, ради сего не попустил до конца погибнуть иудейскому народу. Но можно разуметь это и в нравственном отношении. Так, «мерзость запустения» есть всякое помышление сатанинское, стоящее «на святом месте», – в разуме нашем. В сем-то случае «находящиеся в Иудее да бегут в горы», то есть, исповедуясь, пусть восходят на горы добродетелей (Иудея – значит «исповедание», «проповедь»). А кто стоит уже на высоте, пусть не сходит с нее. Ибо когда какой-либо страстный помысл станет в нас, тогда надлежит посредством исповеди спешить на высоту добродетели и не сходить с сей высоты. И делающий доброе пусть не возвращается взять прежнюю совесть – ветхую одежду, которой он совлекся. Горе же бегущему зимой: ибо должно нам бежать от греха с теплотой, то есть с покаянием, а не с холодностью, неподвижно, – что и означает бегство зимой.

Мк.13:21. Тогда, если кто вам скажет: вот, здесь Христос, или: вот, там, – не верьте.

Мк.13:22. Ибо восстанут лжехристы и лжепророки и дадут знамения и чудеса, чтобы прельстить, если возможно, и избранных.

Мк.13:23. Вы же берегитесь. Вот, Я наперед сказал вам всё.

Мк.13:24. Но в те дни, после скорби той, солнце померкнет, и луна не даст света своего,

Мк.13:25. и звезды спадут с неба, и силы небесные поколеблются.

Мк.13:26. Тогда увидят Сына Человеческого, грядущего на облаках с силою многою и славою.

Господь кончил речь о Иерусалиме; далее начинает говорить о пришествии антихриста. Слово «тогда» надобно разуметь не так, что когда начнет сбываться вышесказанное о Иерусалиме, тогда не верьте, если кто скажет вам: «вот, здесь Христос»; но знай, что это есть особенное свойство Писания. Так, евангелист Матфей, сказав о Рождестве Христовом, говорит: «В те дни приходит Иоанн» (*Мф.3:1*). В какие дни? В те ли, которые непосредственно следовали по Рождестве Христовом? Нет, но неопределенно. Так и здесь Христос говорит: тогда не прельститесь, то есть не в то время как опустошен будет Иерусалим, но во время пришествия антихриста. Не прельститесь, – говорит, – ибо многие станут называться именем Христа, дабы соблазнить и избранных. По пришествии же антихриста вся тварь изменится: звезды померкнут от преизбытка света Христова и ангельские силы «поколеблются», то есть ужаснутся, смотря на такой переворот в мире и видя сорабов своих судимыми. И тогда-то узрят Господа как Сына Человеческого, то есть во плоти, ибо видимое в Нем есть тело Его. Но хотя Он придет и в теле, и как Сын Человеческий, однако, «с силою многою и славою».

Мк.13:27. И тогда Он пошлет Ангелов Своих и соберет избранных Своих от четырех ветров, от края земли до края неба.

Мк.13:28. От смоковницы возьмите подобие: когда ветви ее становятся уже мягки и пускают листья, то знаете, что близко лето.

Мк.13:29. Так и когда вы увидите тó сбывающимся, знайте, что близко, при дверях.

Мк.13:30. Истинно говорю вам: не прейдет род сей, как всё это будет.

Мк.13:31. Небо и земля прейдут, но слова Мои не прейдут.

Видишь ли, что и Сын посылает Ангелов, как и Отец? Где же те, кои говорят, что Он не равен Богу и Отцу? Ангелы же придут тогда для того, чтобы собрать избранных, которые, быв восхищены на облаках, должны будут таким образом встретить Господа. А что Я говорю, – продолжает Господь, – это можете уразуметь из примера смоковницы. Как смоковница, покрывшаяся листьями, показывает, что близко жатва, так и после скорбного времени антихристова непосредственно последует второе пришествие Христово, которое для праведных будет точно как жатва после зимы, а для грешных – зима после жатвы.

«Истинно говорю вам: не прейдет род сей», то есть род верных или христиан, «как всё это будет» – все сказанное о Иерусалиме и пришествии антихриста. Господь говорит здесь не о роде апостольском, ибо апостолы не продолжат жить до кончины мира: многие из них не дожили и до разрушения Иерусалима. Значит, родом сим именует здесь род христианский, утешая таким образом апостолов. Дабы они не подумали, что при столь тяжких бедствиях вера, может быть, совершенно оскудеет. Господь говорит: дерзайте, не прейдет род верных и не оскудеет. Скорее прейдут небо и земля, эти непоколебимые, по-видимому, стихии, нежели слова Мои в чем-либо не исполнятся, ибо все, что Я сказал, будет.

Мк.13:32. О дне же том, или часе, никто не знает, ни Ангелы небесные, ни Сын, но только Отец.

Мк.13:33. Смотри́те, бодрствуйте, моли́тесь, ибо не знаете, когда наступит это время.

Мк.13:34. Подобно как бы кто, отходя в путь и оставляя дом свой, дал слугам своим власть и каждому свое дело, и приказал привратнику бодрствовать.

Мк.13:35. Итак бодрствуйте, ибо не знаете, когда придет хозяин дома: вечером, или в полночь, или в пение петухов, или поутру;

Мк.13:36. чтобы, придя внезапно, не нашел вас спящими.

Мк.13:37. А что́ вам говорю, говорю всем: бодрствуйте.

Желая удержать учеников от любопытства о последнем дне и часе, Господь говорит, что ни Ангелы, ни Сын не знают о сем. Если бы Он сказал: Я знаю, но не хочу открыть вам, в таком случае Он опечалил бы их. А теперь, когда говорит, что ни Ангелы, ни Я не знаю, – Он весьма мудро поступает и совершенно удерживает их от желания знать и докучать Ему. Это ты можешь понять из примера. Малые дети, видя что-либо в руках отцов, часто просят у них, и если отцы не хотят дать, они, не получая просимого, начинают плакать. В таком случае отцы обыкновенно скрывают от них вещь, держимую в руках, и, показывая детям пустые руки, удерживают их от слез. Так и Господь, поступая с апостолами, как с детьми, скрыл от них последний день. Иначе, если бы сказал: Я знаю, но не скажу, – они восскорбели бы, что Он не хотел им сказать. А что Господь знает о последнем дне и часе, это очевидно, ибо Сам Он веки сотворил. Как же Ему не знать того, что Сам сотворил? Притом и для пользы нашей Бог скрыл кончину жизни как общей, так и каждого из нас в частности, дабы мы, при неизвестности сей кончины, непрестанно подвизались, ожидая ее и страшась, как бы она не застала нас неготовых. Но рассмотрим и с другой стороны сказанное. Вечером настает конец, когда кто умрет состарившись; в полночь, – когда кто достигнет средины века; в пении петухов, – когда начинает раскрываться в нас рассудок, ибо петух означает рассудок, пробуждающий нас от сна бессознательности, а потому, когда отрок начинает действовать рассудком и понимать, тогда в нем гласит как бы петух. Наконец, утро означает совершенно детский возраст. Итак, всем нужно помышлять о конце жизни. Младенец ли есть, – и о нем должно позаботиться, чтоб не умер некрещеным. Заповедует же это Господь всем вообще – и мирским людям, и отшельникам. Итак, мы должны бодрствовать и молиться, исполнять и то, и другое, ибо многие хотя бодрствуют, но проводят ночи не в молитве, а в худых делах. Заметь и то, что Христос теперь не сказал: Я не знаю, когда наступит время кончины, но «не знаете», ибо ради нашей пользы скрыл это время. Если мы и при неизвестности кончины враждуем друг против друга, то чего не сделали бы, если бы знали время кончины? Тогда все время жизни до смерти мы проводили бы в крайне худых делах, а в последний день, изъявляя раскаяние, впали бы еще в худшее состояние.

ГЛАВА ЧЕТЫРНАДЦАТАЯ

Мк.14:1. Через два дня *надлежало* быть *празднику* Пасхи и опресноков. И искали первосвященники и книжники, как бы взять Его хитростью и убить;

Мк.14:2. но говорили: *только* не в праздник, чтобы не произошло возмущения в народе.

Мк.14:3. И когда был Он в Вифании, в доме Симона прокаженного, и возлежал, – пришла женщина с алавастровым сосудом мира из нарда чистого, драгоценного и, разбив сосуд, возлила Ему на голову.

Мк.14:4. Некоторые же вознегодовали и говорили между собою: к чему сия трата мира?

Мк.14:5. Ибо можно было бы продать его более, нежели за триста динариев и раздать нищим. И роптали на нее.

Совет против Христа составлен был в среду. И вот причина, почему мы постимся по средам. Враги хотели было переждать праздничное время, но это не было попущено им. Господь, определяя Сам для Себя страдания, благоизволил предать Себя Распятию на саму Пасху, ибо Сам был Истинная Пасха. Здесь надобно дивиться могуществу Его. Ибо когда враги хотели взять Его, тогда не могли, а когда не хотели, по причине праздника, тогда Он Сам волей предал Себя им.

«И когда Он был в Вифании, в доме Симона прокаженного, и возлежал, – пришла женщина». О мире упоминают все четыре евангелиста. И думают некоторые, что у всех их разумеется одна и та же жена. Но несправедливо: это две разные жены, из коих одна упоминается у Иоанна (*Ин.12, 3*), она же и сестра Лазаря, другая – у трех прочих евангелистов, А если вникнешь, то найдешь, что их было три: об одной упоминается у Иоанна, о другой – у Луки (*Лк.7, 37–38*), а у прочих двух евангелистов – о третьей. Ибо упоминаемая у Луки была блудница и помазала Господа среди Его проповеди, а упоминаемая у Матфея сделала то же около времени страдания, и притом она не была явная блудница. Господь приемлет усердие ее, как издержавшей так много на миро.

«Некоторые же вознегодовали», – замечает евангелист. А Иоанн говорит, что негодовал Иуда (*Ин.12,3–5*). Можно думать, что и прочие апостолы упрекали жену, так как они постоянно слышали от Христа учение о милостыне. Но Иуда негодовал на жену не с той мыслью как прочие, а по сребролюбию, ради гнусной корысти. По этой причине Иоанн и упоминает о нем одном, как поносившем жену с лукавым намерением. «И роптали на нее», то есть негодовали, укоряли, поносили.

Мк.14:6. Но Иисус сказал: оставьте ее; что́ ее смущаете? Она доброе дело сделала для Меня.

Мк.14:7. Ибо нищих всегда имеете с собою и, когда захотите, можете им благотворить; а Меня не всегда имеете.

Мк.14:8. Она сделала, что́ могла: предварила помазать тело Мое к погребению.

Мк.14:9. Истинно говорю вам: где ни будет проповедано Евангелие сие в целом мире, сказано будет, в память ее, и о том, что́ она сделала.

Господь упрекает апостолов за то, что они не благовременно удерживали усердие жены. «Что, – говорит, – ее смущаете», отталкивая своими укорами после того, как она уже принесла дар? А вместе обличает и Иуду, сказав: что она сделала это, приготовляя Меня к погребению, и обнаруживает его бессовестность, как бы так говоря ему: ты, предавая Меня на смерть, не укоряешь сам себя, а она неужели заслуживает от тебя укоризны за то, что для приготовления Меня к погребению принесла миро, и притом по особенному как бы внушению Божию? Здесь Господь изрекает два пророчества: первое, что Евангелие будет проповедано во всем мире; второе, что проповедано будет и о поступке жены. Да постыдятся же те, кто предпочитают нищих Христу! Ибо я слышал золотых дел мастеров, которые говорят, что если разбить церковный сосуд на части и отдать нищим, — не будет греха. Пусть же слышат они, как Христос ценит служение Ему выше служения нищим. А на золотом дискосе и бывает истинное Тело Христово, а в чаше – Кровь Христова. Поэтому, кто уносит из церкви драгоценный дискос и заставляет полагать Тело Христово на плохом дискосе, ссылаясь на нищих, тот пусть знает, чьим участником он становится.

Мк.14:10. И пошел Иуда Искариот, один из двенадцати, к первосвященникам, чтобы предать Его им.

Мк.14:11. Они же, услышав, обрадовались, и обещали дать ему сребренники. И он искал, как бы в удобное время предать Его.

Когда жена оказала подобающую честь Христу, тогда ученик враждует против Него, и притом один из двенадцати. Ибо не напрасно сказано: «один из двенадцати», а для показания, что и он был из числа избраннейших учеников. Что же значит выражение: «чтобы предать Его»? то значит: да известит их, когда Христос будет один. Напасть на Него во время учения они боялись, чтобы не навлечь на себя беды со стороны народа; поэтому Иуда обещал предать Его им тогда, как Он уединится от всех.

Мк.14:12. В первый день опресноков, когда закалали пасхального *агнца,* говорят Ему ученики Его: где хочешь есть пасху? мы пойдем и приготовим.

Мк.14:13. И посылает двух из учеников Своих и говорит им: пойдите в город; и встретится вам человек, несущий кувшин воды; последуйте за ним

Мк.14:14. и куда он войдет, скажите хозяину дома того: Учитель говорит: где комната, в которой бы Мне есть пасху с учениками Моими?

Мк.14:15. И он покажет вам горницу большую, устланную, готовую: там приготовьте нам.

Первым днем опресноков евангелист называет четверток, который непосредственно предшествовал празднику опресноков, ибо опресноки иудеи начинали есть в пятницу. Ученики подходят и спрашивают, где им есть пасху? Отсюда видно, что ни Христос не имел собственного жилища, ни ученики не имели своих домов; если бы имели, то приняли бы Его к себе. Двоих учеников Своих, Петра и Иоанна, – как говорит Лука, – Он посылает к человеку незнакомому, показывая им чрез это, что Он мог бы и не страдать, если бы захотел. Ибо Тот, Кто расположил незнакомого человека принять Его, чего не произвел бы в других? Между тем дает ученикам признак, как найти искомый дом, именно: велит идти за человеком, несущим кувшин с водой, но можно объяснять это и в переносном смысле. «Кувшин воды» носит крещеный. Он идет «в дом», приличный разумному (духовному) его состоянию. Ибо носящий крещение приходит в покой, по слову жизни, и успокаивается в сем состоянии как в доме. «Хозяин дома» есть ум, который показывает «горницу большую» – возвышенность своих помыслов. Но эта горница «устлана», то есть, хотя и возвышенна, но не имеет ничего жесткого и гордого, напротив, устлана и углаждена смирением. Здесь-то, в таком, – говорю, – уме,

Христу уготовляется пасха двумя учениками, Петром и Иоанном, то есть деятельностью и созерцанием, ибо Петр был пылок и деятелен, а Иоанн как Богослов – созерцателен.

Мк.14:16. И пошли ученики Его, и пришли в город, и нашли, как сказал им; и приготовили пасху.

Мк.14:17. Когда настал вечер, Он приходит с двенадцатью.

Мк.14:18. И, когда они возлежали и ели, Иисус сказал: истинно говорю вам, один из вас, ядущий со Мною, предаст Меня.

Мк.14:19. Они опечалились и стали говорить Ему, один за другим: не я ли? и другой: не я ли?

Мк.14:20. Он же сказал им в ответ: один из двенадцати, обмакивающий со Мною в блюдо.

Мк.14:21. Впрочем, Сын Человеческий идет, как писано о Нем; но горе тому человеку, которым Сын Человеческий предается: лучше было бы тому человеку не родиться.

Как же они возлежали, когда Закон повелевал есть пасху стоя? Надобно думать, что Господь сначала совершил пасху подзаконную, а потом возлег, чтобы преподать Свою собственную Пасху. Ученики начали скорбеть, когда Господь сказал: «один из вас предаст Меня». Хотя они и чужды были сего греха, однако смущались, ибо больше верили Богу, ведающему сердца их, нежели самим себе. Заметь и слово «идет», ибо смерть Христа была только отшествием, а не смертью. «Лучше было бы тому человеку не родиться». Это сказано по отношению к той казни, которой подвергнется предатель. Ибо лучше вовсе не родиться, нежели родиться на мучение. Таким образом по отношению к последней судьбе лучшим оказывается, если бы Иуда вовсе не существовал. Ибо Бог сотворил его на благие дела, а как он сам впал в столь ужасное злодейство, то действительно лучше было бы ему вовсе не родиться.

Мк.14:22. И когда они ели, Иисус, взяв хлеб, благословил, преломил, дал им и сказал: приимите, ядите; сие есть Тело Мое.

Мк.14:23. И, взяв чашу, благодарив, подал им: и пили из нее все.

Мк.14:24. И сказал им: сие есть Кровь Моя Нового Завета, за многих изливаемая.

Мк.14:25. Истинно говорю вам: Я уже не буду пить от плода виноградного до того дня, когда буду пить новое вино в Царствии Божием.

Некоторые говорят, что Иуда не причастился Святых Тайн, но вышел прежде, нежели Господь преподал сии Тайны. Напротив, другие утверждают, что Господь и сего неблагодарного приобщил Своей Святыни. Благословив, то есть благодарив, Господь преломил хлеб. Так делаем и мы, произнося молитвы. «Сие, – говорит, что вы теперь приемлете, – есть Тело Мое», ибо хлеб есть не образ Тела Господня, но самое Тело Христово, в которое хлеб прелагается. И Господь говорит: «хлеб же, который Я дам, есть Плоть Моя» (*Ин. 6, 51*); не сказал: образ Моей Плоти, но «Плоть Моя». И еще: «если не будете есть Плоти Сына Человеческого» (*Ин.6:53*). Но как это? может быть, скажет кто-нибудь: ведь Плоти тут не видно? Это ради нашей немощи, человек! Поскольку хлеб и вино суть обыкновенные для нас вещи, а видеть предложенную нам Плоть и Кровь было бы нестерпимо для нас, и мы бы отвратились от них, то Человеколюбец Бог, по снисхождению к нам, сохраняет вид хлеба и вина, но они прелагаются в силу Плоти и Крови. Кровь Свою назвал Кровью «Нового Завета», в отличие от Ветхого Завета, ибо и Ветхий Завет имел кровь, которой окроплялись и народ, и книги Закона.

«Не буду, – говорит Он далее, – пить от плода виноградного» до Воскресения (Царством называет здесь Воскресение, так как воскресши и из мертвых, Он воцарился над смертью). После же Воскресения Он опять ел и пил с учениками Своими, уверяя их таким образом, что Он есть Тот Самый, Который пострадал. Но пил уже новое вино, то есть пил новым некоторым и необыкновенным образом, ибо имел Плоть уже не страдательную и нуждающуюся в пище, а нетленную и бессмертную. А можно понимать это и так: виноградная Лоза есть Сам Господь, плод Лозный суть тайны и ведение сокровенное, которое рождает Он, уча человека ведению. Таким образом «в Царствии Божием» Христос будет пить с учениками Своими тайны и премудрость, научая нас новым истинам и открывая то, что ныне сокрыто.

Мк.14:26. И, воспев, пошли на гору Елеонскую.

Мк.14:27. И говорит им Иисус: все вы соблазнитесь о Мне в эту ночь; ибо написано: «поражу пастыря, и рассеются овцы» (*Зах. 13, 7*).

Мк.14:28. По воскресении же Моем, Я предварю вас в Галилее.

Мк.14:29. Петр сказал Ему: если и все соблазнятся, но не я.

Мк.14:30. И говорит ему Иисус: истинно говорю тебе, что ты ныне, в эту ночь, прежде нежели дважды пропоет петух, трижды отречешься от Меня.

Мк.14:31. Но он еще с бо́льшим усилием говорил: хотя бы мне надлежало и умереть с Тобою, не отрекусь от Тебя. То́ же и все́ говорили.

Благодарили и прежде пития, благодарили и после пития, дабы и мы знали, что должно благодарить и петь и пред пищей, и после пищи. Этим Господь показывает вместе и то, что смерть ради нас не страшна для Него, так что Он славит Бога и тогда, как идет к преданию на смерть. Сим, без сомнения, и нас научает не унывать, когда впадем в скорби ради спасения многих, но благодарить Бога, нашей скорбью содевающего спасение многих. Господь идет «на гору Елеонскую», чтоб иудеи, нашедши и взяв Его в уединении, не произвели смятения в народе. Ибо если бы они напали на Него в городе, народ, может быть, возмутился бы за Него; а в таком случае враги, воспользовавшись этим благовидным предлогом, стали бы думать, что убили Его по справедливости, как мятежника. Христос предсказывает ученикам, что и они соблазнятся. А чтоб они не сочли сего явной укоризной, относящейся ко всем, приводит свидетельство пророка Захарии, что они «рассеются» (*Зах. 13, 7*). Наконец, преподает им и утешение: «предварю, – говорит, то есть встречу, – вас в Галилее». Но Петр прекословит; за то и слышит следующее: «прежде нежели дважды пропоет петух, трижды отречешься от Меня». Это было так: вслед за тем, как Петр отрекся в первый раз, пропел петух; потом, когда Петр отрекся во второй и третий раз, петух опять пропел. Это и означают слова: «прежде нежели дважды пропоет петух, трижды отречешься от Меня». Выражая тщетную горячность, и все прочие ученики, подобно Петру, давали обещание не оставлять Господа, как бы обращая таким образом в ложь слово Самосущей Истины. Поэтому и Господь попускает, и человеческая природа обнаруживает свою немощь. Ибо нет сомнения, что Господь мог сохранить их, особенно Петра; однако же попустил, дабы они, а также и мы, не были самонадеянны. «Поражу пастыря» – это говорит Бог Отец. Так как Он попустил Сыну быть пораженным, то говорится, что Он поразил Пораженного по Его попущению. А «овцами» назвал Он апостолов как людей незлобивых.

Мк.14:32. Пришли в селение, называемое Гефсимания; и Он сказал ученикам Своим: посидите здесь, пока Я помолюсь.

Мк.14:33. И взял с Собою Петра, Иакова и Иоанна; и начал ужасаться и тосковать.

Мк.14:34. И сказал им: душа Моя скорбит смертельно; побудьте здесь и бодрствуйте.

Мк.14:35. И, отойдя немного, пал на землю и молился, чтобы, если возможно, миновал Его час сей;

Мк.14:36. и говорил: Авва Отче! всё возможно Тебе; пронеси чашу сию мимо Меня; но не чего Я хочу, а чего Ты.

Мк.14:37. Возвращается и находит их спящими, и говорит Петру: Симон! ты спишь? не мог ты бодрствовать один час?

Мк.14:38. Бодрствуйте и молитесь, чтобы не впасть в искушение: дух бодр, плоть же немощна.

Мк.14:39. И, опять отойдя, молился, сказав то же слово.

Мк.14:40. И, возвратившись, опять нашел их спящими, ибо глаза у них отяжелели, и они не знали, что́ Ему отвечать.

Мк.14:41. И приходит в третий раз и говорит им: вы всё еще спите и почиваете? Кончено, пришел час: вот, предается Сын Человеческий в руки грешников.

Мк.14:42. Встаньте, пойдем; вот, приблизился предающий Меня.

Христос всегда имел обычай молиться наедине, подавая и нам пример, чтобы мы для молитвы искали уединения. Он берет с Собою только тех троих учеников, кои были очевидцами славы Его на Фаворе, дабы они, видев славное Его состояние, видели и состояние скорбное, и таким образом дознали, что Он есть Истинный Человек и скорбит, и тоскует подобно нам. Ибо как Он восприял всего человека с его естественными свойствами, то скорбит и тужит, без сомнения, по естеству человеческому; ибо мы, люди, по природе отвращаемся от смерти. Таким образом, когда Он говорит: «пронеси чашу сию мимо Меня», Он обнаруживает в Себе человеческое свойство; а за этим добавил: «но не чего Я хочу, а чего Ты», – Он научает нас, несмотря на требования природы, просить того, что угодно Богу. После молитвы, придя к ученикам, Он нашел тех троих учеников спящими; но упрекает одного Петра, как бы так говоря ему: не ты ли обещался умереть со Мною, а и одного часа не мог побдеть: и ты ли можешь презреть смерть? Но бдите и молитесь, чтобы не впасть в искушение и не отречься от Меня. Пусть дух ваш готов не отрекаться, как вы и обещались Мне; но плоть немощна, а потому, если Бог по вашей молитве не даст силы плоти вашей, – вас постигнет беда. И опять отойдя от них, начал молиться и говорить те же, что и прежде, слова, дабы и вторичным молением удостоверить, что Он был существенно и истинно Человек, да и нас научить молиться чаще, а не так, чтобы, проговорив что-либо в молитве однажды, тотчас и оставлять ее; надобно с усердием повторять молитву. Увидев же учеников опять спящими, уже не делает им упрека, потому что они отягчены были сном. Отсюда познай человеческое легкомыслие и немощь! Вот мы и сну противиться не можем, а обещаем часто невозможное для нас! В третий раз Христос молится по тем причинам, о которых мы говорили выше. И снова приходит к ученикам, но не обличает их, хотя и следовало обличить, так как они и после упреков не укрепились, но предались сну. Что же говорит: «вы всё ещё спите и почиваете?» Говорит же это, пристыжая их. Поскольку видел, что предатель идет, то и сказал им как бы так: теперь время сна, – спите, вот враг уже идет. Сказал же это (повторил), пристыжая их за сон. А что Он сказал это действительно в виде укоризны, послушай, что говорит ниже: «Встаньте, пойдем». Так говорит не с тем, чтоб бежать, но чтобы встретить врагов. Выражение «душа Моя скорбит смертельно» – некоторые разумеют так: Я скорблю не о том, что должен умереть, но о том, что Меня распинают израильтяне, – ближние Мои, и за то будут отвержены от Царства Божия.

Мк.14:43. И тотчас, как Он еще говорил, приходит Иуда, один из двенадцати, и с ним множество народа с мечами и кольями, от первосвященников и книжников и старейшин.

Мк.14:44. Предающий же Его дал им знак, сказав: Кого я поцелую, Тот и есть, возьмите Его и ведите осторожно.

Мк.14:45. И, придя, тотчас подошел к Нему и говорит: Равви́! Равви́! и поцеловал Его.

Мк.14:46. А они возложили на Него руки свои и взяли Его.

Мк.14:47. Один же из стоявших тут извлек меч, ударил раба первосвященникова и отсек ему ухо.

Мк.14:48. Тогда Иисус сказал им: как будто на разбойника вышли вы с мечами и кольями, чтобы взять Меня.

Мк.14:49. Каждый день бывал Я с вами в храме и учил, и вы не брали Меня. Но да сбудутся Писания.

Не напрасно прибавлено: «один из двенадцати», но в осуждение предателя за то, что он, будучи в первом лике апостолов, злоумышлял против своего Владыки. Но посмотри на безумие его, как он думал утаиться от Господа лобзанием, надеясь быть принят за друга. Если ты в самом деле друг, зачем пришел с врагами? Поистине, лукавство бессмысленное! «Один же из стоявших» – это был Петр. Марк умолчал о имени его, чтобы не подумали, будто он хвалит Петра, учителя своего, за его ревность о Христе. Но Петр, кстати, отсек ухо у архиереева раба: этим указывается на то, что иудеи были люди непослушные, непокорные и невнимательные к Писаниям. Иначе, если бы они имели уши, внимающие Писаниям, они не распяли бы Господа славы. И не другого какого-либо раба поразил Петр, а архиереева, ибо архиереи первые не слушались Писаний, сделавшись рабами зависти и самолюбия. Христос сказал толпе: «как будто на разбойника вышли вы». Каждый день Я учил в храме! Но это свидетельствует о Его Божестве. Ибо, когда Он учил в храме, они не могли взять Его, хотя и был Он в руках их, поскольку еще не настало для Него время страдания. Когда же Он Сам восхотел, тогда и предал Себя им, да сбудутся пророческие Писания, что «как овца, веден был Он на заклание» (*Ис. 53, 7*), не пререкая, не вопия, но добровольно следуя за ведущими.

Мк.14:50. Тогда, оставив Его, все бежали.

Мк.14:51. Один юноша, завернувшись по нагому телу в покрывало, следовал за Ним; и воины схватили его.

Мк.14:52. Но он, оставив покрывало, нагой убежал от них.

Мк.14:53. И привели Иисуса к первосвященнику; и собрались к нему все первосвященники и старейшины и книжники.

Мк.14:54. Петр издали следовал за Ним, даже внутрь двора первосвященникова; и сидел со служителями, и грелся у огня.

Ученики разбежались, ибо невозможно было Самосущей Истине и пророкам солгать. Только один какой-то юноша шел за Ним. Этот юноша был, вероятно, из того дома, в котором ели пасху. Некоторые, впрочем, думают, что это был Иаков, брат Божий, прозванный праведным, ибо он во всю свою жизнь ходил в одной мантии, по Вознесении же Господнем он принял от апостолов и престол епископский в Иерусалиме. Он-то, – говорят, – оставив верхнее покрывало, бежал. И нет ничего удивительного, что, когда бежали верховные апостолы, и сей оставил Господа. Впрочем, Петр, являя теплейшую любовь к Учителю, следовал за Христом. Закон повелевал, чтоб у иудеев был один архиерей во всю свою жизнь; между тем у них тогда было много архиереев, которые один за другим каждый год покупали власть у римлян. Таким образом архиереями евангелист называет тех, которые, пробыв некоторое время на архиерействе, оставили оное.

Мк.14:55. Первосвященники же и весь синедрион искали свидетельства на Иисуса, чтобы предать Его смерти; и не находили.

Мк.14:56. Ибо многие лжесвидетельствовали на Него, но свидетельства сии не были достаточны.

Мк.14:57. И некоторые, встав, лжесвидетельствовали против Него и говорили:

Мк.14:58. мы слышали, как Он говорил: Я разрушу храм сей рукотворенный, и через три дня воздвигну другой, нерукотворенный.

Мк.14:59. Но и такое свидетельство их не было достаточно.

Мк.14:60. Тогда первосвященник стал посреди и спросил Иисуса: что Ты ничего не отвечаешь? что́ они против Тебя свидетельствуют?

Мк.14:61. Но Он молчал и не отвечал ничего.

Люди, сами достойные осуждения, составляют вид судилища, чтобы показать, будто умертвили Его (Христа) по суду. Но где справедливость суда, когда приводятся свидетели, не могущие сказать ничего справедливого, а только одно буйство и нелепости? Да и те самые, кои думали сказать нечто дельное, сказали ложь. Ибо Господь не говорил: Я разрушу храм, но – «разрушите», не сказал притом – храм рукотворенный, а просто «храм». Архиерей, восстав, вопрошал Иисуса в намерении побудить Его к ответу, а ответ обратить в обвинение.

Но Христос молчал, зная, что не будут внимать словам Его, как Лука действительно и замечает, что, когда спрашивали Господа, Он сказал: «Если скажу вам, вы не поверите; если же и спрошу вас, не будете отвечать Мне» (*Лк. 22, 67–68*).

Опять первосвященник спросил Его и сказал Ему: Ты ли Христос, Сын Благословенного?

Мк. 14:62. Иисус сказал: Я; и вы у́зрите Сына Человеческого, сидящего одесную силы и грядущего на облаках небесных.

Мк. 14:63. Тогда первосвященник, разодрав одежды свои, сказал: на что еще нам свидетелей?

Мк. 14:64. Вы слышали богохульство; как вам кажется? Они же все признали Его повинным смерти.

Мк. 14:65. И некоторые начали плевать на Него и, закрывая Ему лице, ударять Его и говорить Ему: пророки. И слуги били Его по ланитам.

Первосвященник снова спрашивает Иисуса не с тем, чтоб, познав истину, уверовать, но чтобы иметь какой-либо предлог к осуждению. К словам «Ты ли Христос» (помазанник) – он присовокупляет «Сын Благословенного». Ибо многие были помазанниками, так как назывались сим именем и цари, и первосвященники, но ни один из них не был Сын Бога, присно благословляемого и прославляемого. Иисус сказал: «Я». Хотя и знал, что они не уверуют, однако, вынужден был отвечать, дабы они впоследствии не могли сказать, что если бы мы слышали от Него прямое свидетельство о Себе Самом, мы уверовали бы. Поэтому-то и осуждение их будет тем большее, что они, и слышав это свидетельство, не уверовали. «И вы узрите, – говорит Он, – Сына Человеческого, сидящего одесную силы», то есть Отца (силой называет здесь Отца). Ибо Он приидет снова не без тела, но таким, что может быть видим и узнан распявшими Его. При этом архиерей исполнил обычай (разодрал одежду). Ибо, когда случалась с иудеями какая-либо беда или скорбь, они раздирали одежды. В настоящем случае архиерей разодрал одежду свою в знак того, что Иисус будто бы произнес хулу на Бога и таким образом произошло великое зло. Но прилично сказать при сем с Давидом: «Разделишася, и не умилишася» (*Пс. 34, 15*). Но это раздрание было вместе и образом раздрания и упразднения иудейского первосвященства, хотя первосвященник и не сознавал сего. Когда таким образом архиереи согласно осудили Его (Христа), тогда слуги, накрывши Его, стали бить и говорить: «угадай», кто ударил тебя? Если же столько претерпел за нас Господь наш, то мы сколько должны претерпеть ради Его, чтобы воздать равным Владыке? О, это страшно!

Мк.14:66. Когда Петр был на дворе внизу, пришла одна из служанок первосвященника

Мк.14:67. и, увидев Петра греющегося и всмотревшись в него, сказала: и ты был с Иисусом Назарянином.

Мк.14:68. Но он отрекся, сказав: не знаю и не понимаю, что ты говоришь. И вышел вон на передний двор; и запел петух.

Мк.14:69. Служанка, увидев его опять, начала говорить стоявшим тут: этот из них.

Мк.14:70. Он опять отрекся. Спустя немного, стоявшие тут опять стали говорить Петру: точно ты из них; ибо ты Галилеянин, и наречие твое сходно.

Мк.14:71. Он же начал клясться и божиться: не знаю Человека Сего, о Котором говорите.

Мк.14:72. Тогда петух запел во второй раз. И вспомнил Петр слово, сказанное ему Иисусом: прежде нежели петух пропоет дважды, трижды отречешься от Меня; и начал плакать.

Хотя Петр был и горячее всех, однако, оказался немощен и отрекся от Господа, быв смущен страхом. И такой страх навела на него служанка! Попустил же ему Бог потерпеть это по особенному промышлению, чтобы он не превозносился, чтобы был сострадателен к другим падающим, дознав сам на себе глубину человеческой немощи. Что же касается до того, одна ли была рабыня, уличавшая Петра, или была еще другая, – то Матфей говорит, что была другая, а Марк, что в оба раза обличала Петра одна и та же рабыня. Но это нисколько не затрудняет нас относительно истинности Евангелия. Ибо здесь противоречие евангелистов не касается чего-либо важного и относящегося к нашему спасению. Не сказали – один, что Господь был распят, а другой, – что не был распят. Итак, Петр, смущенный страхом и забыв слово Господне – «кто отречется от Меня пред людьми, отрекусь от того и Я пред Отцем Моим Небесным» (*Мф.10,33*), – отрекся от Христа, но покаяние и слезы опять возвратили его Христу. Ибо сказано: «начал плакать». То есть, закрыв лицо свое, горько стал плакать. Матфей (говоря об отречении Петра) сказал неясно: «прежде нежели пропоет петух» (*Мф. 26, 34*); Марк это пояснил: «прежде нежели дважды пропоет петух». Петухи обыкновенно в один раз делают по нескольку возгласов, потом засыпают, а после некоторого времени снова начинают пение. Поэтому смысл Матфеева сказания такой: «прежде нежели пропоет петух», то есть прежде нежели успеет кончить первый раз свое пение, «трижды отречешься от Меня». Но да постыдятся новатиане, не приемлющие согрешивших после крещения, покаяния и причащения Святых Тайн! Вот Петр, отрекшийся уже после причащения Пречистого Тела и Крови, снова был принят в апостольский лик. Ибо падения святых для того и описываются, чтобы мы, когда по невнимательности своей падаем, взирали на пример их и спешили бы покаянием исправиться.

ГЛАВА ПЯТНАДЦАТАЯ

Мк.15:1. Немедленно поутру первосвященники со старейшинами и книжниками и весь синедрион составили совещание и, связав Иисуса, отвели и предали Пилату.

Мк.15:2. Пилат спросил Его: Ты Царь Иудейский? Он же сказал ему в ответ: ты говоришь.

Мк.15:3. И первосвященники обвиняли Его во многом.

Мк.15:4. Пилат же опять спросил Его: Ты ничего не отвечаешь? видишь, как много против Тебя обвинений?

Мк.15:5. Но Иисус и на это ничего не отвечал, так что Пилат дивился.

Мк.15:6. На всякий же праздник отпускал он им одного узника, о котором просили.

Мк.15:7. Тогда был в узах *некто*, по имени Варавва, со своими сообщниками, которые во время мятежа сделали убийство.

Мк.15:8. И народ начал кричать и просить *Пилата* о том, что́ он всегда делал для них.

Мк.15:9. Он сказал им в ответ: хотите ли, отпущу вам Царя Иудейского?

Мк.15:10. Ибо знал, что первосвященники предали Его из зависти.

Мк.15:11. Но первосвященники возбудили народ *просить*, чтобы отпустил им лучше Варавву.

СВЯТОЙ ФЕОФИЛАКТ БОЛГАРСКИЙ, АРХИЕПИСКОП ОХРИДСКИЙ

Мк.15:12. Пилат, отвечая, опять сказал им: что же хотите, чтобы я сделал с Тем, Которого вы называете Царем Иудейским?

Мк.15:13. Они опять закричали: распни Его.

Мк.15:14. Пилат сказал им; какое же зло сделал Он? Но они еще сильнее закричали: распни Его.

Мк.15:15. Тогда Пилат, желая сделать угодное народу, отпустил им Варавву, а Иисуса, бив, предал на распятие.

Иудеи предали Господа римлянам; за то и сами преданы были от Господа в руки римлян. И сбылись слова Писания: «беззаконнику – горе, ибо будет ему возмездие за *дела* рук его» (*Ис. 3, 11*); и еще: «Воздай им по делам их» (*Пс. 27, 4*); и еще: «как ты поступал, так поступлено будет и с тобою» (*Авд. 1, 15*). На вопрос Пилата: «Ты Царь Иудейский?» – Господь дает обоюдный ответ. Ибо слова «Ты говоришь» – можно понимать так: правду ты говоришь, – ты сам высказал, Кто Я; а можно понимать и так: Я не говорю этого, а ты говоришь. Но быв спрошен в другой раз, Христос ничего не отвечал и тем привел Пилата в удивление. Ибо Пилат дивился, что Он, будучи сведущ в законе и красноречив и имея возможность одним ответом ниспровергнуть возводимые на Него клеветы, ничего не говорил, а напротив, смиренно терпел обвинения. Заметь же кровожадность иудеев и умеренность Пилата (хотя и он достоин осуждения, потому что не с твердостью стоял за праведника). Ибо те кричали: «распни Его», а он, хотя слабо, однако, пытался освободить Иисуса от осуждения. Поэтому опять спрашивал, что сделаю Иисусу? – стараясь дать им возможность отпустить Господа как невинного, почему и медлил, и откладывал. Наконец, уступая требованию их, стал бить Господа, то есть ударять ременным бичом, дабы видно было, что они приняли Его как осужденного уже на судилище, и «предал на распятие». Ибо он хотел сделать угодное, приятное для народа, а не то, что угодно Богу.

Мк.15:16. А воины отвели Его внутрь двора, то есть в преторию, и собрали весь полк,

Мк.15:17. и одели Его в багряницу, и, сплетши терновый венец, возложили на Него;

Мк.15:18. и начали приветствовать Его: радуйся, Царь Иудейский!

Мк.15:19. И били Его по голове тростью, и плевали на Него, и, становясь на колени, кланялись Ему.

Мк.15:20. Когда же насмеялись над Ним, сняли с Него багряницу, одели Его в собственные одежды Его и повели Его, чтобы распять Его.

Мк.15:21. И заставили проходящего некоего Киринеянина Симона, отца Александрова и Руфова, идущего с поля, нести крест Его.

Военное сословие, всегда утешающееся бесчинствами и обидами, и теперь выказало обыкновенное свойство свое. Ибо если иудеи, слышавшие от Христа столько поучений и получавшие от Него так часто и так много благодеяний, нанесли Ему столько поруганий, то что нам сказать о язычниках? Итак, они сзывают на Него целый отряд, облекают Его для посмеяния в порфиру как царя и начинают бить Его; берут венец терновый вместо диадемы, вместо скипетра – трость. Сии слуги диавола заставили, как сказано, некоего нести крест Его; между тем, другой евангелист говорит, что Иисус шел, неся крест на Себе (*Ин. 19, 17*). Но было и то, и другое: сначала несколько времени Он Сам нес крестное дерево, а когда нашли другого, способного нести, тогда заставили сего последнего, и крест несен был им. А для чего сказано и то, каких сынов был отцом этот человек? Для большего удостоверения, потому что человек тот, вероятно, был еще жив и мог пересказать все касательно креста. Но облечемся и мы в порфиру, царскую одежду. Я хочу сказать то, что мы должны шествовать как цари, наступая на змею и на скорпиона и побеждая грех. Мы именуемся христианами, то есть помазанными, подобно как некогда назывались христами цари. Поэтому да будет жизнь наша не рабская и низкая, но царская и свободная. Будем носить терновый венец, то есть потщимся увенчаться жизнью строгой, воздержной, чуждой плотских удовольствий, а не роскошной, изнеженной и преданной чувственным наслаждениям. Соделаемся и «Симоном», что значит послушание, и возьмем крест Иисусов, «умертвив уды наши, сущие на земле» (*Кол. 3, 5*).

Мк.15:22. И привели Его на место Голгофу, что́ значит: Лобное место.

Мк.15:23. И давали Ему пить вино со смирною; но Он не принял.

Мк.15:24. Распявшие Его делили одежды Его, бросая жребий, кому что́ взять.

Мк.15:25. Был час третий, и распяли Его.

Мк.15:26. И была надпись вины Его: Царь Иудейский.

Мк.15:27. С Ним распяли двух разбойников, одного по правую, а другого по левую *сторону* Его.

Мк.15:28. И сбылось слово Писания: «и к злодеям причтен» (*Ис. 53, 12*).

Есть предание, дошедшее до нас от святых отцов, что на Голгофе погребен был Адам. Здесь распинается и Господь, врачующий падение и смерть Адамову, дабы там же последовало и разрушение смерти, где было начало смерти. «Давали Ему пить вино со смирною»; но смирна есть самая горькая жидкость; значит, это давали Господу в поругание над Ним. Другой евангелист говорит, что Господу подали уксус с желчью (*Мф. 27, 34*), а третий, – что Ему поднесено было и еще что-то. Но в этом нет противоречия; при тогдашнем бесчинстве одни приносили то, другие – другое:

один – уксус с желчью, другой – вино со смирною. А могло быть и то, что вино было окислое, а смирна прогорклая, и, следовательно, евангелисты согласны между собой, когда один из них говорит о вине со смирною, а другой – об уксусе с желчью. Ибо вино могло быть названо уксусом, а смирна – желчью, первое – по своей кислоте, вторая – по горечи. Равным образом, когда один говорит, что «давали Ему пить, но Он не принял», то не противоречит другому, который говорит: «и, отведав, не хотел пить» (*Мф. 27, 34*). Ибо, когда сказано – «не принял», сим уже ясно показано, что не пил. И жребий бросали об одежде Его также в поругание над Ним, то есть разделяя между собой как бы царские одежды, тогда как они были скудные. Написали и вину, за которую Господь распят: «Царь Иудейский», чтобы опозорить славу Его, как человека возмутительного и называющего Себя царем, и чтобы все проходящие не только не жалели о Нем, а, напротив, нападали бы на Него, как на похитителя царской власти. Но как Марк говорит, что Христос распят был в третьем часу, а Матфей, – что тьма произошла в шестом часу? Можно сказать, что в третьем часу был распят, а тьма началась с шестого часа и продолжалась до девятого. И с разбойниками распят был Господь для того, чтобы люди имели худое мнение о Нем, что и Он был злодей. Но это было по усмотрению Божию, ибо, с одной стороны, исполнилось пророчество: «к злодеям причтен был» (*Ис. 53, 12*), с другой стороны, два разбойника были образами двух народов – иудейского и языческого. Оба сии народа были беззаконны – языческий, как преступивший естественный закон, иудейский, как преступивший и сей закон и писанный, который дал ему Бог. Но языческий народ оказался благоразумным разбойником, напротив, иудейский – хулителем до конца. Посреди сих двух народов распинается Господь, поскольку Он есть Камень, соединяющий нас в Себе.

Мк.15:29. Проходящие злословили Его, кивая головами своими и говоря: э! разрушающий храм, и в три дня созидающий!

Мк.15:30. спаси Себя Самого и сойди со креста.

Мк.15:31. Подобно и первосвященники с книжниками, насмехаясь, говорили друг другу: других спасал, а Себя не может спасти.

Мк.15:32. Христос, Царь Израилев, пусть сойдет теперь с креста, чтобы мы видели, и уверуем. И распятые с Ним поносили Его.

«Проходящие», то есть проходящие той дорогой, где был распят Господь, и те, – говорит евангелист, хулили Господа, укоряя Его, как обманщика. Так как Господь, чудодействуя, спасал многих, то, подобно проходящим, и архиереи говорили: других спасал, а Себя не спасает? Говорили же это, издеваясь над чудесами Его и почитая их явлениями призрачными. Но говорить, «сойди со креста», побуждал их диавол. Поскольку начальник зла знал, что крестом совершится спасение, то снова искушал Господа, дабы в случае сшествия Его с креста убедиться, что Он не Сын Божий, и чтобы таким образом разрушилось спасение людей крестом. Но Он был истинный Сын Божий, и поэтому-то именно не сошел с креста. Напротив, поскольку знал, что это будет во спасение людям, Он решился и быть распятым, и претерпеть все прочее, и совершить дело Свое. И распятые с Ним сначала оба поносили Его. Потом один из них признал Его невинным и даже увещевал другого, когда тот хулил.

Мк.15:33. В шестом же часу настала тьма по всей земле и *продолжалась* до часа девятого.

Мк.15:34. В девятом часу возопил Иисус громким голосом: Элой! Элой! ламма́ – савахфани́? что значит: Боже Мой! Боже Мой! для чего Ты Меня оставил?

Мк.15:35. Некоторые из стоявших тут, услышав, говорили: вот, Илию зовет.

Мк.15:36. А один побежал, наполнил губку уксусом и, наложив на трость, давал Ему пить, говоря: постойте, посмотрим, придет ли Илия снять Его.

Мк.15:37. Иисус же, возгласив громко, испустил дух.

Тьма была не в одном месте, но по всей земле. И если бы тогда было время ущерба (луны), то еще мог бы кто-нибудь говорить, что это было естественное затмение. Но теперь был четырнадцатый день месяца, когда естественное затмение невозможно. Пророческое изречение Господь произносит по-еврейски, показывая, что Он до последнего дыхания чтит еврейское. «Для чего Ты Меня оставил?» – говорит Он от лица человеческого естества как бы так: почто Ты, Боже, оставил меня – человека, чтобы я имел нужду в распятии за меня Бога? Ибо оставлены были мы, люди, а Он никогда не был оставляем Отцом. Послушай, что Сам Он говорит: «Я не Один, потому что Отец со Мною» (*Ин. 16, 32*). Или же говорит что и за евреев, так как и Сам был по плоти еврей: «для чего Ты Меня оставил», то есть еврейский народ, чтоб он распял Сына Твоего? Как мы обыкновенно говорим: Бог облекся в меня, вместо – в человеческое естество, так и здесь выражение: «Меня оставил» надобно разуметь вместо – Мое человеческое естество или Мой иудейский народ. «А один побежал, наполнил губку уксусом и давал Ему пить» для того, чтобы горечь уксуса скорее умертвила Его. Иисус испустил дух, возопив громким голосом, то есть как бы призывая смерть, как Владыка и умирающий по Своей власти. А какой был глас, это означил Лука: «Отче! в руки Твои предаю дух Мой» (*Лк.23, 46*). Этим Господь соделал для нас и то, что души святых отходят в руки Божии. Ибо прежде души всех содержались в аде, пока не пришел Проповедавший плененным отпущение.

Мк.15:38. И завеса в храме раздралась надвое, сверху донизу.

Мк.15:39. Сотник, стоявший напротив Его, увидев, что Он, та́к возгласив, испустил дух, сказал: истинно Человек Сей был Сын Божий.

Мк.15:40. Были *тут* и женщины, которые смотрели издали: между ними была и Мария Магдалина, и Мария, мать Иакова меньшего и Иосии, и Саломия,

Мк.15:41. которые и тогда, как Он был в Галилее, следовали за Ним и служили Ему, и другие многие, вместе с Ним пришедшие в Иерусалим.

Завеса раздралась в знамение того, что благодать Духа отступила от храма, что Святое Святых сделается видимым и доступным для всех, как это и сбылось, когда вошли римляне, и что самый храм сетует. Как обыкновенно иудеи поступали в несчастьях и раздирали одежды свои, так и храм, как бы одушевленный, показал то же во время страданий Творца, раздрав одежду свою. Но этим означается и другое нечто. Плоть наша есть завеса нашего храма, то есть ума. Итак, сила, которую плоть имела над духом, раздрана страданиями Христовыми «сверху донизу», то есть от Адама до последнего человека. Ибо и Адам освятился страданиями Христовыми, и плоть его уже не подлежит проклятию и тлению; напротив, все мы почтены нетлением. Сотник, то есть начальник над сотней воинов, увидев, что Он умер так владычественно, удивился и исповедал. Заметь же, как превратился порядок! Иудеи умерщвляют, язычник исповедует; ученики разбегаются, жены остаются. «Были, – говорит евангелист, – тут и женщины; между ними была и Мария Магдалина, и Мария, мать Иакова меньшего и Иосии», то есть Богородица, которая была для них матерью. Поскольку Она обручена была Иосифу, а Иаков и Иосия были дети Иосифа, то Она называется матерью их, как мачеха, подобно как называлась и женой Иосифа в образе невесты. Тут же была Саломия, мать сынов Зеведеевых, и многие другие. Евангелист же упомянул только о важнейших.

Мк.15:42. И как уже настал вечер, – потому что была пятница, то есть *день* перед субботою, –

Мк.15:43. пришел Иосиф из Аримафеи, знаменитый член совета, который и сам ожидал Царствия Божия, осмелился войти к Пилату, и просил тела Иисусова.

Мк.15:44. Пилат удивился, что Он уже умер, и, призвав сотника, спросил его, давно ли умер?

Мк.15:45. И, узнав от сотника, отдал тело Иосифу.

Мк.15:46. Он, купив плащаницу и сняв Его, обвил плащаницею, и положил Его во гробе, который был высечен в скале, и привалил камень к двери гроба.

Мк.15:47. Мария же Магдалина и Мария Иосиева смотрели, где Его полагали.

Блаженный Иосиф, еще служа Закону, признал Христа Богом, почему и дерзнул на похвальный подвиг. Не стал он размышлять: вот я богат и могу потерять богатство, если буду просить тело Того, Кто осужден за присвоение Себе царской власти, и сделаюсь ненавистным у иудеев, – так ни о чем подобном не размышлял сам с собою, но, оставив все, как менее важное, просил одного – предать погребению тело Осужденного. «Пилат удивился, что Он уже умер» ибо думал, что Христос долгое время будет выдерживать страдания, как и разбойники, почему и спросил сотника: «давно ли умер?». То есть неужели умер прежде времени? Получив тело, Иосиф купил плащаницу и, сняв тело, обвил ей, честное честно предавая погребению. Ибо он был и сам ученик Христов, и знал, как почтить Владыку. Он был «знаменитый», то есть человек почтенный, благочестивый, безукоризненный. Что касается до звания советника, то это было некоторое достоинство или, лучше, служение и должность гражданская, которую имеющие должны были заведывать делами судилища, и здесь часто подвергались опасностям от злоупотреблений, свойственных сему месту. Пусть слышат богатые и занимающиеся делами общественными, как достоинство советника нисколько не препятствовало добродетели Иосифа. Имя «Иосиф» – значит «приношение», а «Аримафей» – «возьми оное». Будем же и мы, по примеру Иосифа, всегда прилагать усердие к добродетели и взимать оное, то есть истинное благо. Да сподобимся принять и Тело Иисусово посредством Причащения и положить оное в гробе, иссеченном из камня, то есть в душе, твердо памятующей и не забывающей Бога. Да будет душа наша иссеченной из камня, то есть имеющей свое утверждение во Христе, Который есть Камень. Да обвием сие Тело плащаницею, то есть примем его в чистое тело, ибо тело есть как бы плащаница души. Божественное Тело должно принимать не только в чистую душу, но и в чистое тело. Должно же именно обвить оное, то есть покрыть, а не раскрывать, ибо Таинство должно быть покрыто, сокровенно, а не раскрываемо.

ГЛАВА ШЕСТНАДЦАТАЯ

Мк.16:1. По прошествии субботы Мария Магдалина и Мария Иаковлева и Саломия купили ароматы, чтобы идти помазать Его.

Ничего великого и достойного Божества Иисусова не помышляют жены, когда сидят при гробе и покупают миро с тем, чтобы по иудейскому обычаю помазать тело, дабы оно было благоухающим, а не издавало неприятного запаха от тления, и дабы силой мира, иссушающей и поглощающей влагу тела, сохранялось невредимым. Вот о чем думали жены.

Мк.16:2. И весьма рано, в первый *день* недели, приходят ко гробу, при восходе солнца,

Мк.16:3. и говорят между собою: кто отвалит нам камень от двери гроба?

Мк.16:4. И, взглянув, видят, что камень отвален; а он был весьма велик.

Мк.16:5. И, войдя во гроб, увидели юношу, сидящего на правой стороне, облеченного в белую одежду; и ужаснулись.

Мк.16:6. Он же говорит им: не ужасайтесь. Иисуса ищете Назарянина, распятого; Он воскрес, Его нет здесь. Вот место, где Он был положен.

«И весьма рано, в первый день недели», восстав, идут ко гробу и размышляют: «кто отвалит камень»? Но, между тем как они размышляли о сем, Ангел отвалил камень, хотя жены не чувствовали того. Так и Матфей говорит, что Ангел отвалил камень после того, как жены пришли. Но Марк умолчал об этом, потому что Матфей уже сказал, кем отвален был камень. Если же Матфей говорит, что Ангел сидел на камне, а Марк, – что жены, вошедши во гроб, увидели его сидящим внутри, то сим не должно смущаться. Ибо могли они видеть Ангела, сидящего вне на камне, как сказано у Матфея, могли видеть опять его же внутри гроба, как упредившего их и вошедшего туда. Впрочем, некоторые говорят, что одни жены были упоминаемые у Матфея, другие – у Марка, а Магдалина была спутницей всех, как самая усердная и ревностная. Явившийся Ангел сказал женам: «не ужасайтесь». Сначала он освобождает их от страха, а потом благовествует о Воскресении. Он называет Иисуса Христа «Распятым», ибо не стыдится Креста, который есть спасение человеков и основание всех благ.

«Он воскрес»; из чего это видно? Из того, что «Его нет здесь». И хотите ли увериться? «Вот место, где Он был положен». Для того и отвалил он камень, чтобы показать это место.

Мк.16:7. Но идите, скажите ученикам Его и Петру, что Он предваряет вас в Галилее; там Его увидите, как Он сказал вам.

Мк.16:8. И, выйдя, побежали от гроба; их объял трепет и ужас, и никому ничего не сказали, потому что боялись.

«Но идите, скажите ученикам Его и Петру». Петра отделяет от учеников или как верховного, именуя его особо от тех, по преимуществу, или вот почему: так как Петр отрекся, то если бы жены сказали, что им велено возвестить только ученикам, – он сказал бы: я отрекся, следовательно, уже не ученик Его, а потому Господь отверг меня и возгнушался мною; поэтому Ангел и присовокупил: «и Петру», чтобы не смутился Петр той мыслью, что будто он не удостоен и слова как отрекшийся и потому уже недостойный быть в числе учеников. Посылает же их «в Галилею», отводя их от смятения и великого страха со стороны иудеев. Тогда объял жен «трепет и ужас», то есть они поражены были и видением Ангела, и страхом Воскресения, и потому «никому ничего не сказали, потому что боялись». Или боялись они иудеев, или одержимы были страхом от видения до того, что как бы потеряли разум. Потому и ничего никому не сказали, забыв все, что слышали.

Мк.16:9. Воскреснув рано в первый *день* недели, *Иисус* явился сперва Марии Магдалине,

«Воскреснув» – здесь остановись, потом читай: «рано в первый день недели, Иисус явился Марии Магдалине». Ибо не воскрес рано (кто видел, когда Он воскрес?), но явился рано, в день воскресный (так как этот день есть первый день субботы, то есть седмицы).

из которой изгнал семь бесов.

то есть многих (ибо Священное Писание принимает иногда число «семь» в смысле множества) или семь бесов, противоположных семи духам добродетели, как-то: дух бесстрашия (небогобоязливости), дух неразумия, дух неведения, дух лжи и прочие, противоположные дарованиям Святаго Духа.

Мк.16:12. После сего явился в ином образе двум из них на дороге, когда они шли в селение.

Мк.16:13. И те, возвратившись, возвестили прочим; но и им не поверили.

Мк.16:14. Наконец, явился самим одиннадцати, возлежавшим *на вечери,* и упрекал их за неверие и жестокосердие, что видевшим Его воскресшего не поверили.

«После сего явился в ином образе двум из них на дороге, когда они шли в селение». Об этих двоих и Лука говорит (*Лк.24:13–35*).

«И те возвестили прочим; но и им не поверили». Как же Лука говорит, что они, «возвратились... и нашли вместе одиннадцать *Апостолов* и бывших с ними, которые говорили, что Господь истинно воскрес» (*Лк. 24, 33–34*), тогда как по свидетельству Марка не поверили и тем, кои пришли из села? Отвечаем: когда евангелист говорит, что «возвестили прочим», то разумеет не одиннадцать апостолов, но некоторых других. Этих и назвал он «прочими», поскольку одиннадцать видели Его (Христа) в тот же день, в который и возвратившиеся из села нашли их говорящими, «что Господь истинно воскрес».

Мк.16:15. И сказал им: идите по всему миру и проповедуйте Евангелие всей твари.

Мк.16:16. Кто будет веровать и креститься, спасен будет; а кто не будет веровать, осужден будет.

Заметь заповедь Господа: «проповедуйте всей твари». Не сказал: проповедуйте только послушным, но всей твари, будут ли слушать, или нет. «Кто будет веровать», и не довольно сего, но – и «креститься», ибо кто уверовал, но не крестился, а остается еще оглашенным, тот не спасен еще.

Мк.16:17. Уверовавших же будут сопровождать сии знамения: именем Моим будут изгонять бесов; будут говорить новыми языками;

Мк.16:18. будут брать змей;

Верующих, – говорит, – будут сопровождать знамения – изгнание бесов, глаголание новыми языками, взимание змей, то есть истребление змей, и чувственных, и мысленных, как в другом месте сказано: «даю вам власть наступать на змей и скорпионов», очевидно, мысленных (*Лук. 10, 19*). Впрочем, выражение «будут брать змей» можно разуметь и буквально, так как, например, Павел взял в руку змею без всякого для себя вреда (*Деян. 28,5*).

И если что смертоносное выпьют, не повредит им...

Это случалось много раз, как находим в повествованиях. Ибо многие, выпивая яд, силой крестного знамения сохранялись невредимыми.

Мк.16:19. И так Господь, после беседования с ними, вознесся на небо и воссел одесную Бога.

Мк.16:20. А они пошли и проповедывали везде, при Господнем содействии и подкреплении слова последующими знамениями. Аминь.

Видишь ли? Везде сначала наше действие, а потом уже Божие содействие. Ибо Бог содействует нам тогда, когда мы действуем и полагаем начало, а когда мы не действуем, Он не содействует. Заметь и то, что за словами следуют дела и слово утверждается делами, как и у апостолов тогда слово утверждали последующие дела и знамения. О если бы, Христе Слове, и наши слова, которые мы говорим о добродетели, утверждались делами и поступками так, чтобы мы совершенными предстали Тебе, содействующему нам во всех делах и словах! Ибо Тебе подобает слава и в словах, и в делах наших.

Аминь.

ФЕОФИЛАКТ БОЛГАРСКИЙ (ОХРИДСКИЙ)

Святой Феофилакт Болгарский, архиепископ Охридский, является значительной фигурой в истории Византийской империи и Православной Церкви в конце XII века. Его жизнь и деятельность тесно связаны с религиозной, культурной и политической жизнью того времени.

Феофилакт родился около 1100 года в Константинополе в семье знатного происхождения. С юных лет он получил отличное образование, которое включало изучение богословия, философии и классической литературы. В своей молодости Феофилакт был призван на службу в Византийскую императорскую администрацию, где он зарекомендовал себя как талантливый и перспективный ученый и администратор.

Его духовная карьера началась с рукоположения в сан диакона, после чего он вскоре стал архидиаконом при Храме Святой Софии в Константинополе. В 1090 году Феофилакт был назначен архиепископом Охридским, что тогда входило в состав Византийской империи и считалось одним из наиболее значимых религиозных центров на Балканах.

На посту архиепископа Охридского Феофилакт прославился своей активной пастырской деятельностью, богословскими трудами и защитой православной доктрины. Он написал множество толкований на Священное Писание, ряд богословских сочинений, обращений и писем, которые свидетельствуют о его глубоком богословском знании и учености. Эти работы оказали значительное влияние на развитие православного богословия в последующие века.

Как архиепископ, Феофилакт сталкивался с многочисленными сложностями, включая политические интриги и конфликты с местными властями, что порой приводило к напряженным отношениям между церковью и государством. Несмотря на это, он неуклонно стремился укреплять церковь, поддерживать дисциплину среди духовенства и занимался образовательной деятельностью.

Святой Феофилакт Болгарский скончался в 1126 году, оставив после себя наследие выдающегося богослова, писателя и церковного лидера. Его жизнь и труды до сих пор изучаются в православных богословских кругах, и его память почитается как в Православной Церкви, так и среди ученых, занимающихся изучением Византийской истории и культуры.

Православная библиотека – Orthodox Logos

- *Песня церкви - Праведники наших дней* – Артём Перлик
- *Сказки* – Артём перлик
- *Следом за овцами - Отблески внутреннего царства* – Монахиня Патрикия
- *Откровенные рассказы странника духовному своему отцу*
- *Семь слов о жизни во Христе* – праведный Николай (Кавасила)
- *О молитве* – святитель Игнатий (Брянчанинов)
- *Об умной или внутренней молитве* – преподобный Паисий (Величковский)
- *В помощь кающимся* – святитель Игнатий (Брянчанинов)
- *Христианство по учению преподобного Макария Египетского* – преподобный Иустин (Попович), Челийский
- *Священное Предание: Источник Православной веры* – митрополит Каллист (Уэр)
- *Толкование на Евангелие от Матфея* – святой Феофилакт Болгарский, архиепископ Охридский
- *Толкование на Евангелие от Марка* – святой Феофилакт Болгарский, архиепископ Охридский
- *Толкование на Евангелие от Луки* – святой Феофилакт Болгарский, архиепископ Охридский
- *Толкование на Евангелие от Иоанна* – святой Феофилакт Болгарский, архиепископ Охридский

www.ingramcontent.com/pod-product-compliance
Lightning Source LLC
Chambersburg PA
CBHW032034050726
47590CB00006B/2401